自分もみんなも元気になる
「宇宙の力」の使い方

運が良くなるには、方法があります

内野久美子

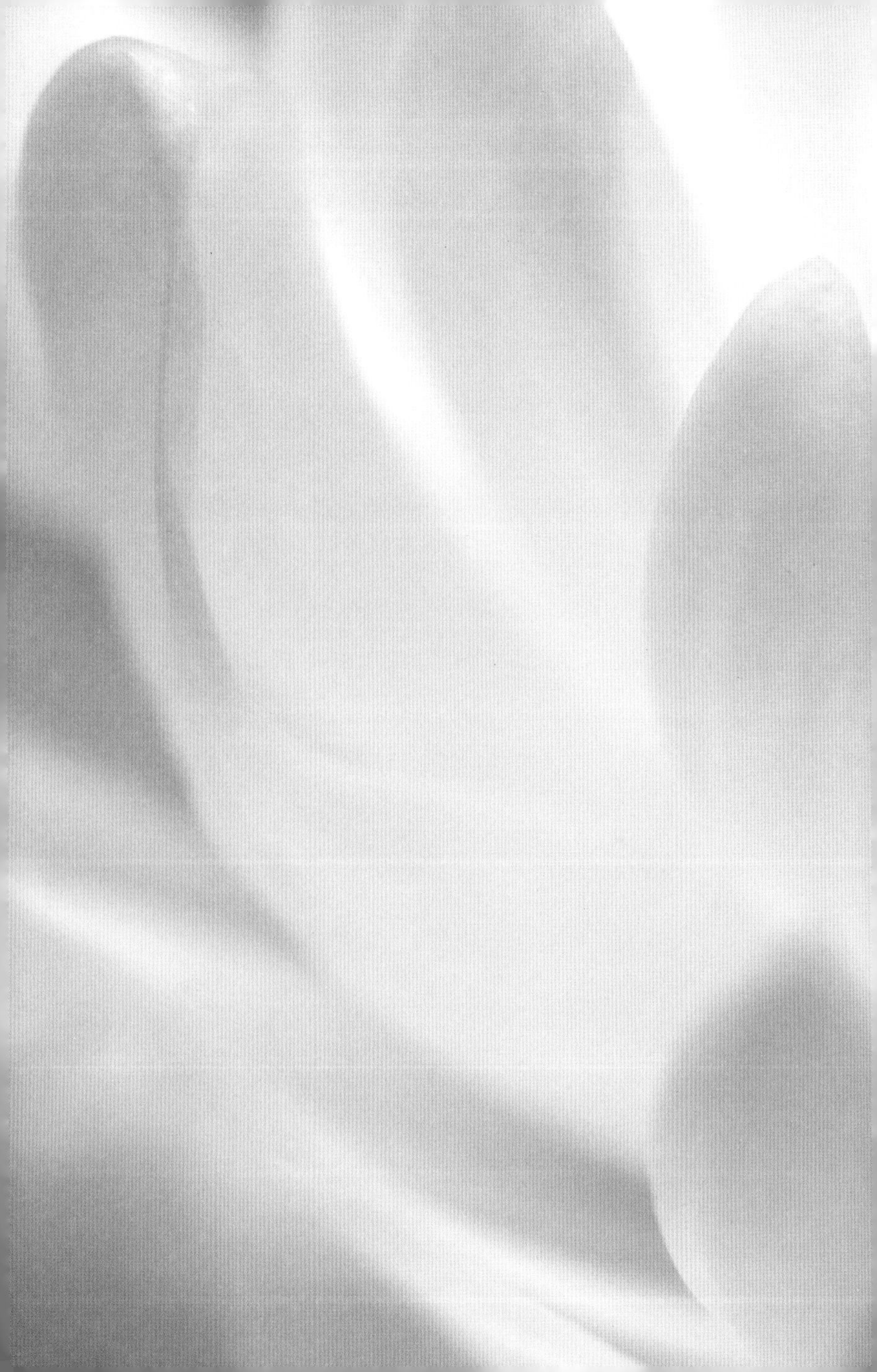

はじめに

この頃生き生きしている人が、少なくなってきています。

上の空で毎日を右往左往して、暮らしている人が多いようです。

一生懸命生きているのに、結果がそれについて来ていません。


それには、原因が二つあります。

一つは、自分の内なる本当の姿を知らない。だから、何をして良いか分からない。

もう一つは、世の中、大きく言えば宇宙の仕組みを知らない。だから物事が進む「流れ」に乗れないのです。

本屋の精神世界コーナーに行けば、幸せになる方法、運が良くなる秘訣は山ほど売っています。

それでもこの本を出すのは、生活とつながった宇宙やエネルギーの動き、自分が本当はどういう風に成り立っているか、どうすればありのままで、自然に生き生きと暮らせるかの知恵を書いた本が少ないからです。

この本は、私たちが生きている世界のエネルギーの動きについての本です。これを上手に使いこなし、暮らしの中から、だんだんと自分を知り、自分の中心に近づき、命を活性化させ、周りの人も一緒に幸せになる生き方を身につける。
それを目指しています。

この本は、以前出版しました『トータル・バランス』をもとにして作られています。

時代の姿も変わりましたが、まだまだというより、その時以上にお役に立てそうです。

世の中のスピードが早くなり、変化についていくには、新しいものの見方が必要となってきているからです。

自分の内と外のエネルギーを上手に扱ってこそ、今を納得して生きていけます。


一人が元気になると、宇宙もまた喜びます。

そのように、本書をお使い下されば幸せです。

もくじ

2 あなたの「魂の力」を目覚めさせる

あなたの心のなかにあるエネルギーゾーン

3

人生を好転させる「魂の法則」を知っていますか？

あなたのエネルギーと好運をリンクする

4 「宇宙の高いエネルギー」と共鳴しよう

宇宙とつながる受信機の使い方

5 願いをかなえる「宇宙の力」の使い方

暮らしの中でのエネルギー・ワーク

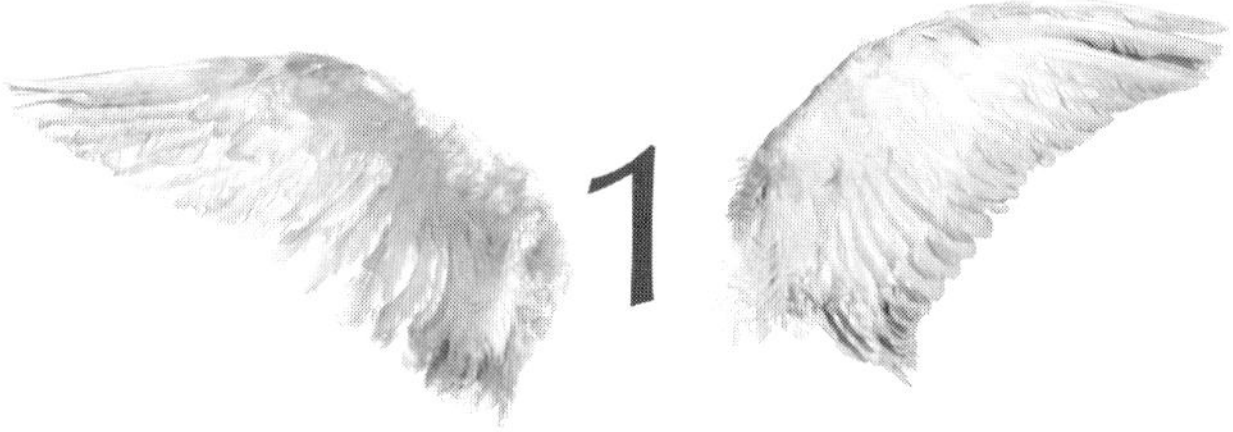

1

宇宙とつながり「無限の豊かさ」を受け取りましょう

宇宙には好運と叡智が満ちています

宇宙に向かって心を開きましょう

いきなり大きく出ましたね。これは宇宙人と交信するためでも、惑星観測を趣味とするためでもありません。

まずきちんと立って、
胸のエネルギーのチャクラを空に向かって開いてみて下さい。

星空の方が効果的です。夜の星は、地球の本当のポジションを教えてくれます。
まずイメージの中でこれができると、宇宙とつながる第一段階が終了します。
これで、エネルギーが入ってくるルートができました。

1

宇宙とつながり「無限の豊かさ」を受け取りましょう

地球のような大きな星を動かしている宇宙は、計り知れないエネルギーに満ちています。私たちはそのエネルギーの海にただよう小さな生き物です。

まずその力をきちんといただきましょう。

都会の生活をすればするほど、私たちは何でも一人でコントロールできると考えがちです。だんだん自分以外のものとつながれなくなり、しまいには自分自身の頭と体の一体感も失ってしまいます。

頭が体を痛めつけ、色々な病気が起こってきます。内部の争いが全体の死を招くというわけです。

そんな時に、エネルギーの海に漂う姿を思い出しましょう。そして日本の春夏秋冬の変化に気づき、受け入れましょう。それを愛でると、あなたはまわりの小さな宇宙に確実につながった事になります。

四季の変化もまた、この星のエネルギーの表現です。そこに身をゆだねましょう。

暑くても、寒くてもよいではありませんか。

何だか当たり前の事ですが、これに文句を言う人が多いのです。

天気を批判するのは、宇宙に心を閉ざす事になり、もったいない話です。

天気に文句を言う人は、出だしから損をしています。


私たちを生かしてくれている宇宙と心の中で縁を切っているからです。


暑い寒いは、挨拶で出てきますから、無意識にしがちですから、気をつけましょう。

もちろん天気だけではありません。

批判的な気持ちで生きるということは、自分以外のものを自分から切り離すという心の作業ですから、私たちの中に何も流れ込んで来なくなります。


貰えるものも貰えないという、大変損な話です。自分の自前のエネルギーなどたかがが知れています。だんだんガス欠状態になり、それでさらに批判的になるという悪循環を繰り返します。

ありがとうの感謝の気持ちを持って生きろ

とどこの社会でも言いますが、これはいつも良いエネルギーを受け取る態勢でいろという事です。**もしあなたが「宇宙とつながっている」という感覚でこの気持ちを持っていたら、果てしないエネルギーが入って来ます。**

ありがとうは、自分にとって嬉しいものが手に入った時の気持ちですから、常にそう思って暮らすとそういう事ばかりが自分にやってくることになります。ところがなかなかそう暮らせないのが私たちで、自分の事は棚に上げ、周りのアラ探しばかりします。こうしてだんだん自分の活力を枯渇させていきます。

そんな暇があったら、近所の公園や花屋を見て、今はこんな季節かとそちらに思いをめぐらす方が、エネルギー効率はとても良いのです。そういう習慣を付けましょう。

さて、もう少し宇宙と仲良くなる方法を考えてみましょう。

四季だけではなく、一日を例に取ると、早寝早起きです。当たり前の基本の基ですね。電気は文明の利器ですが、なるべく夜は十時には床につきます。

なぜかというと、人間の細胞の新陳代謝、つまり入れ替え作業はこの時間帯から始まるからです。だいたいその作業は、明け方の三時頃に終わり、その後の二、三時間が新しい細胞が体になじむ時間ですから、もっとも休養が必要です。

体が弱るのもこの時で、明け方に人が死ぬのもこれと関連があります。だんだん深夜まで人が活動することが多くなっていますが、夜更かしはやはり、自分の細胞というのいちばん基本的なところでロスをしているということでもったいない話です。

自然のリズムを受け入れる気持ちが減ってくると、自分だけで時間を支配しているような気になってきます。本当は自然の流れに乗ってこそ、うまく無理なく行くのに、自分の努力次第で何とかなると思ってしまいます。

つながっている、という感覚を失って行くと、その分気持ちからやさしさが消えていきます。

夜も昼も無い、夏も冬も無い、そういう生活をしていると自然のリズムの受け入れ方を忘れてしまいます。自分一人で生きているという気になってきます。一見自由ですが、

全体を察知するセンサーは稼働しません。

自分は努力しても、なぜか報われなかったり、ポイントをはずしたりします。またなにかをやり遂げたとしても心から満足できず、空しさを味わったりします。

一体これがなんだというのだろうかと……。

全体感覚というのは、雨降りの日は、「なんだ、雨か、がっかりだ」と思わずに「木や草が喜んでいるな」と瞬時に思えるかどうかです。

一時が万事、この発想ができるかが、運勢の分かれ目です。ピクニックに行く日に

までこう思えとは言いませんが。


雨女、晴れ男がいます。

雨女、雨男は、晴れの天気とつながってない日を選ぶという、やはり心がけと関係しますね。あなたがもしそうなら、宇宙ともう少し仲良くする方が良いでしょう。

ちなみに私は晴れ女です。その秘訣は後ほど、お話しします。

天気を受け入れると、

「ありがたいな、今日も生きている」という感謝が湧いて来ます。


これで今日も心は平和のベースができます。

この基準からぶれないと、どんなものにも良いところがあることが見えてきます。

季節や天気という基本的なものを無条件に受け入れる事はそう難しい事ではありません。

だからこそ、ここから始めるのが大事なのです。

生きているという基準だけですから、つまらない評価的なまなざしは要らないわけです。

生活の基本的な事柄は、ほとんどが感覚的なことですから、**私たちが無意識のうちに物事を前向きにとらえているか、そうでないかはここの所で決まります。**

それが積み重なると莫大な量となり、感受性の方向が決まり、宇宙からの良いエネルギーの受信能力も決まります。

ここのところを本当に注意しなければなりません。

自然は春夏秋冬を巡り巡ってバランスがとれているのですから、細かい一日一日のことは、ただありがたいと思って受け止めればよいのです。

そのようになにか大きな流れの中で辻褄が合っているものを信頼し、それに身を任せるという心の持ち方を一つでもすると、**それだけ人の心は奥底のほうで安定しますし、乱れなくなります。**

そしてこの世には天気だけではない公平なルールがあって、それを知れば知るほど、私たちは精神的なロスをせずにすみますし、幸せな人生を歩めます。

ところが今の時代に世間で良しとされていることをしてみても、なかなか安定した平和な気持ちにはいき着けません。それは今の時代自体がバランスを欠いているからで、その一つが知性と感性のアンバランスであり、さらに言えば霊性の欠如、魂に対するセンスの無さです。

私たちは、時代が失ったものを含めたトータルなものの見方や感受性を回復しなければならないのです。

あなたを乱すものを遠ざける呼吸法

宇宙にあるものはすべてつながっている、ということを別の言葉で言えば、私たちはオープンシステムだということになります。

いちばん体の中でオープンなのは、呼吸です。

私たち人間は、一分間に十五回は空気を出し入れしています。肺の中で体に混ざった、つまり体の一部である二酸化炭素と空気中の酸素がそこで入り混じっています。分子レベルではそこは内も外もないのです。

呼吸は大変重要なのですが、あまりこれを大事に考える人はいません。たぶんあまりに基本的すぎるからでしょう。

でもこれが乱れたら、人間のすべての活動はうまくいかなくなります。

東洋にはさまざまな呼吸法があって、それを修めることで精神を鍛錬する方法があるのをみてもわかります。細かいことはその指導書に任せるとして、呼吸には一息四脈という原則があります。それが心臓と肺臓のリズムのバランスです。

このリズムで生きることが命の基本になります。

この外側にオープンになっているいちばん基本のリズムをよく感じとることで、人とのつながりがより簡単になります。

人の呼吸は腹式呼吸が基本ですが、お腹というより、腰で息するという感じで、そうしていると深い息ができます。

ところが頭ばかりが忙しく、気ぜわしく生活していると、だんだん呼吸が浅くなっていき、自分のエネルギーが全体に上に上がって、偏ってしまいます。

こうなると自分が自分でなくなり、何がなんだか分からなくなり、自分の本当の力も発揮できなくなります。ぽーっとなって、外側とのコミュニケーションをしようにも、受けとめられる状況ではなくなってしまうのです。

「あがってしまう」というのが、これに当たります。私たちが自分の本当のペースで生活していない場合、多少ともこんな状態にいるわけです。

もしあなたが息深く、呼吸をよく自覚していれば、自分を乱すものを判断できます。

また外側で起こっている出来事の流れもよく見えるようになります。相手の呼吸の度合いが測れるようになり、その人と気持ちを通わせることがさらに容易になります。

相手のリズムをよく感じ取り、そのペースを乱すことなく接する、というのも一つの技術です。そうすると、人はそこに基本的な違和感を感じないので、心を開いたままでいられるのです。息がぴったり合うというのも、自分と相手の呼吸を正確に知ってこそできることです。

良いコミュニケーションを取ろうとするなら、相手より少し自分の呼吸のスピードを遅くするようにしましょう。そうすると相談を受ける人は、ほっとします。この人なら受け入れてくれそうだ、そう思います。

又、不思議と人は相手の速度に合わせようとするものなので、少しゆっくりめにすると相手も気が落ち着きます。そうすると心が和み、中のものが外に出やすくなります。

この呼吸の原理はたいへん大事で、もしあなたがビジネスで成功させたい商談があったとしたら、これを知ると知らないとでは、たいへんな違いになります。

相手が年輩で大事なお客様という場合、年輩の方はふつう呼吸が浅く速度もゆっくりですから、

そのペースに合わせてあなたの呼吸もゆっくりめに、
そして相手より深く息をすることです。

それができれば、相手はあなたを話のできる人間と認めるはずです。自分よりゆっくり歩いてくれる人を老人はやさしいと感じるのです。

まず人は、呼吸で外につながっているのですから、それを自覚することで、関係を作ることができるようになります。

呼吸に配慮するということは、まさしく「生きている」ということを味わうことになります。

深い息は宇宙とつながり、活力も回復できます

息と心は深くつながっています。漢字を見ても分かるように、息は自分の心と書きます。**心が緊張していると、息は浅くなり、体もリラックスできずに硬いままです。**息は体全体でするのであって、単に肺を動かす運動ではありません。皮膚が呼吸をしているということは、火傷をして皮膚の三分の一をだめにすると死んでしまうことからもわかります。

目を閉じて、体の全表面に気を配ってみましょう。

全体が静かに波打っているように感じませんか。頭の骨もまた呼吸しています。頭蓋骨はいくつかの骨片から成り立っています。その骨片が肺呼吸に合わせてゆったり

と息をしていれば、まずその人は不眠症やノイローゼとは無縁です。

不眠症は睡眠薬を飲んでも治りません。神経を薬でなだめても、癖になるだけです。それよりも緊張のしすぎで、波打つことを忘れた頭の呼吸を回復させれば良いのです。**全身の呼吸が整えば、心も緩み開き始め、新たなことを受け入れられるようになります。**

息が深くなればなるほど、人間の心の状態は変化していきます。これについては、さまざまな瞑想法が知られているので、ここで特に詳しくは述べません。

息が深くなると、宇宙とつながれるようになり、人はその活力を回復させることができます。

この経験をすると、自分のエゴ、つまり自分という意識は自分の生命の維持に必ずしもプラスのものではない、ということがわかってきます。自分が自分でいることに意味があるのは、自分と宇宙の、ある一定のバランスの範囲の中でしかないということがわかってきます。絶対的に自分であることがいいなどというのは、幻想にすぎないのです。

この微妙な感じが分かるようになると、私たちは自分を取り巻く全体というものに対して考えが及ぶようになり、その分だけ私たちは賢くなります。

全体あっての自分というバランス感覚がこれに当たります。
この気づきこそが、やさしさを生み出します。

実際の体の調整、つまりエネルギー・バランスの調整では、呼吸の深さが目安となります。だいたい今の人たちは頭にエネルギーが集中しすぎて、息が胸のほうに上がってきています。

足はガチガチに硬く、単に歩くための道具にすぎません。こういう頭ばっかりで生きている人も足の緊張を取ると、呼吸が下がってきて臍下丹田（おへその下）に息が入るようになります。

一息つくというのが、この状態です。そうすると我に返ります。**ようやく自分のリズムを取り戻します。**

ここまでしないと今までの生活を振り返ることができません。自分の基準に立ち戻らないと、日頃何をしているのかわかりません。

これは健康な人だけでなく、病気の人もそうです。**息がおなかに入って、エネルギーのバランスがとれてから、初めて本当の回復が始まります。**なぜなら、身体のバランスがとれて、初めて宇宙とのつながりが充分回復し、流れこんだエネルギーが生命力となり、回復が始まるからです。

私たちが宇宙からもらったエネルギーは足のほうから地面に返してしまいます。

そうすることによって、体の中はエネルギーが流れている状態になります。ですから、足も大事な役割を持っているのです。人間にとって頭ばかりが大事なのではありません。

私たちは自分の中に自家発電装置を持って独立し、生活しているというイメージを持っています。閉じられたシステムとしての人間です。

近代人というのは、この概念の上に成り立っています。ですから、ここから疎外とか孤独とかいう錯覚が生まれてしまいます。

ところが実際は、人はどこもかしこもオープンで、いつもいろいろなものと触れ合って、化学変化を起こしているのです。

息を止めていられるのも、せいぜい一分くらいでしょう。私たちが完全に閉じていられることは、そうないのです。

エネルギーの流れを良くするには、血をきれいにします

呼吸の次に、食べ物を考えてみましょう。

私たちはいろいろなものを食べていますが、この頃は、自然の恵みを口にしているというより、文明を食べているといったほうが良さそうです。

あまりにも人の手が加わっているため、元の形がどんなだったか分からないほどです。季節感も無くなっていますし、食べるということが自然のエネルギーをいただくのだということさえ忘れがちです。

ですから、栄養的にはまったく意味のない食べ方をしています。

例えば、栄養ある玄米をわざわざ白米にして食べ、大事なところは捨てて平気でいます。白砂糖が骨をぼろぼろにするのを知っていながら、お茶に入れて飲みます。

食べ物に関する限り、今は食べるほど命を縮めるという状態に陥っているので、バランスどころの話ではないかもしれません。

けれども細胞を作り上げるのは食べ物なので、どうしてもここで取り上げなければなりません。というのは、本当に生命力溢れ、宇宙との調和が取れた生き方をするには、今のような食習慣では不可能だからです。

悪食をしながら呼吸を整えてもどうしようもないわけです。

体の中のエネルギーの流れを良くしようとしたら、まず血をきれいにしなければなりません。

血の巡りが良くなって初めて、自分の感覚が澄んでくるのです。多くの宗教家が菜食主義なのも、殺生を嫌うということもありますが、菜食のほうが血が重たくならず、自分の感覚がクリアに保てるからです。

そうすると宇宙のエネルギーに敏感でいられるのです。

宇宙にはさまざまなエネルギーが満ちていますが、血が澄んできれいだと、それだけ良いエネルギーをキャッチしやすいのです。

つまりそれだけ運が良くなるわけです。

好運というのは、良いエネルギー（波動の高い）の状態なので、自分のエネルギーが高くなれば、それだけ自分の周囲に良いことが起こる訳です。

自分をそのような状態に保つには、さまざまな条件がありますが、細胞が澄んでいるというのもその大事な要素です。

私が、必ず食習慣を正しくするように勧めるのは、このためです。

また、逆に言えば、血がきれいになると余計なものは無くなり、不思議に人は痩せてきます。また、あまりやたらにものを食べなくなります。食べ過ぎると体が鈍くなり、それにしたがって感覚も鈍くなることがわかってくるからです。

ではどんな基準で食事を考えたらよいのでしょうか。ちまたに溢れるおいしそうなものを我慢しなければならないのでしょうか。

私自身はマクロビオテックという食事法にそのアイデアを得ていますが、それは原則としてで、まったくほかの食べ方を拒否しているわけではありません。ただ、何を食べるかも大事ですが、いつ食べるか、あるいは食べないかもたいへん大事なのです。


特に夜眠る五時間前、また八時以後は食べないことを勧めます。


夜眠るときは心肺以外はどこも働いていない状態が本当の休息につながります。

その心臓さえ、他のすべての臓器が休んでいて、やれやれ少しはほっとできるという状態なのですから、そんな時に胃に食べ物が入って消化していたり、腸が働いていてはオーバーワークになります。

夜遅く帰宅して食事をする習慣のご主人をもつ奥様は、夫思いのようですがとんでもない。亭主をじわりじわりと殺しているようなものです。即刻止められることを勧めます。心臓にとても負担がかかるからです。

筋肉をゆるめると物事を受け入れやすくなります

自分の呼吸を全身で感じることができ、細胞がきれいな血液で満たされ、体が軽くなってきた後、次に私たちは何をしたらよいでしょうか。

もう一つできることは、

自分の骨組みとそれを支える筋肉を柔軟に保つことです。

それは、エネルギーが流れやすい体を作るためです。私たちはここで西洋のスポーツというものとは別の、体に対する考え方を持つ必要が出てきます。

何のために体を鍛えるかということが、西洋と東洋では違うからです。

若さを保ちいつまでも活動するというスポーツの考え方には、魂の成熟という精神性は見られません。頑張ることによって精神が鍛えられるというだけのことです。

それはひとえにスポーツが兵士の訓練というギリシャの歴史から生まれてきたことに由来します。競争と記録はそこから出てきます。闘いとしてのスポーツです。

東洋にも格闘技はありますが、そこには必ず気というものがついてまわり、肉体の錬磨に終わりがちの技と心とにバランスを取っています。

筋肉の柔軟さを保つためには運動も大事ですが、鍛えることは必ずしもエネルギーが流れやすい体を作ることにはなりません。

鍛えすぎるとその緊張が緩まず、
筋肉の緊張の中にエネルギーが閉じこめられてしまうからです。

まじめで努力家の人ほど、せっかく運動してもその義務感故に、さらに緊張を背中にしょってしまいます。楽しくてするのならよいのですが、健康のためにとか老化防止のためにという「……のために」という目的やゴールは、必ずしもほめられたことではありません。

肉体は今を感じるようにできているので、やっている最中が楽しければよいのです。こわばった筋肉は軟らかくなることで、気と血液が巡りやすくなります。楽しくやるように工夫することが大切です。

私自身は今自力整体という脱力法をしていますが、家でする時には心が安らぐような音楽を聴きながらします。色々なポーズだけだとやはり意志が必要になりますが、耳が楽しんでいると知らぬ間に時が経ちます。これも微妙なバランスといえましょう。

音楽を聴きながらの勉強も同じことがいえます。そしてその時自分がとても元気で身も軽々と活動しているイメージを描くことも大切です。

頭も楽しまなくてはなりません。日頃の雑事や悩みごとが去来しても、そんなことはその時考えればいいのですから、頭の外に追い出します。

私たちは今を生きることが大事であって、
そこからしか宇宙とのつながりは生まれないからです。

宇宙と相談しながら今を歩いていくと、私たちは自然に知性というものの性質に気づくようになります。そしてこの働きを警戒するようになります。

知性の働きというのは、言語の働きを見てもわかるように、存在に区別をつけていくことです。リンゴとミカンが違う、机とテーブルの違い、きれいとかわいいの差といった具合にあらゆる面にそれは及びます。言ってみれば、

つながりを断ち切るのが、知性の仕事です。

ですから知的に発達すればするほど、つながりにくくなります。

頭の良い人ほど、頭に偏りがちのエネルギーのバランスをどのように取るかを知っておく必要があります。知的になればなるほど、生命やその母胎である宇宙から離れてしまう危険があるからです。特に今はそのままいるだけで知的にならざるをえない時代ですから、知性というものが過ぎないような配慮が必要です。

バランスが偏ると、ひとりでに自分の内から平和が遠ざかってしまうからです。
では、知的すぎてアンバランスというのは、どういう状態のことでしょうか。例を挙げてみますから、自分自身とよく比較してみてください。

まず頭のいい人は、すぐ先のことを考えます。

一年先、二年先に自分がいいように、ものを計画します。未来を考えることは大切なことですが、その考え方の順序が違います。
その多くは自分が得をするということが基準になっているのです。それもどういう訳か、その時の社会的評価という物差しが基になっています。
勉強して、いい学校に入って、いい会社に行き、豊かな生活をする。そのために、一生懸命頑張るという具合です。**つまり自分の中が空っぽです。**

本当は自分のしたいことや夢という松明《たいまつ》を掲げ、一寸先は闇の中を一歩一歩進んで、偶然という衣を着た運命と出会いながら生きた結果が、学歴やキャリアになるのです。

いちばん大切なことは、自分の中の種火を見つけることです。

宇宙とつながっている人は、それが見つけやすいのです。そして運命というものの姿をすぐキャッチすることができます。

人はこの人生で解決しなければならないことは、それぞれ違いますから、人と同じようには生きられません。ですから自分の中にしか基準はないのです。

世間の基準、それはこれがリンゴで、これがミカン程度の意味しかありません。そこに足を取られてはいけないのです。

けれども知性は、言葉に引っかかってしまいがちなので、知的な人ほど全体の流れが見えず、無駄をしがちです。もしあなたが、来週の天気や先のことばかり気にするたちであれば、頭のエネルギーを下へ下げる必要があります。

そうしないと努力すればするほど、結果は自分の期待とうらはらになり、一体自分は何をやっているのだと立ち往生してしまうからです。

「……のために」とか「……ねばならない」という理由で努力するなら、あなたは相当知的な人です。

不思議なことにそういう人は、自分では思わぬところがわがままで、必ずしも自分で思っているほど評価されないのです。人間の心はそういう意味では知らず知らず結構バランスが取れているのかもしれません。

人は「それがしたいから」「楽しいから」するのです。そうしていて、たまたまその結果が世の中で喜ばれればそれにこしたことはありません。

もし自分のやっていることがどんなに人のためになっても、心から楽しめなければ、**その時が自分にとってそれを辞める潮時というものです。**

自分の中を満たす次のことを考え始めたほうがよいのです。そうしないと体を壊し、自分の心の活力を失います。

この章では、宇宙とのつながりを強化する、私たちの生活習慣、体の使い方、食べ物、頭と体のバランスを見てきました。

これが整えられて初めて、自分の中心に向かえる準備ができます。高いエネルギーの流れは、ただ棚から牡丹餅ではありません。

自分の中心との共鳴で初めて成り立つのです。

次に、あなたの中心の風景を覗いてみましょう。

2

あなたの「魂の力」を目覚めさせる

あなたの心のなかにあるエネルギーゾーン

笑うと、好運のエネルギーがやってくる

私はどういうわけか「流れ」ということがよく分かり、ある人に好意を持っている限り、その人にはいいことが続くのです。

なぜか分かりませんが、理由もなくふっと心が離れると、それからしばらくして、その人はいろいろな理由で私から去り、またそれから進む人生もお気の毒ということが続きます。逆に私に縁ができる人は、それから良いことが続きます。

別に自慢しているわけではありません。ただこのような経験を重ねるたびに、**私は好運というのは、ある種の波長、磁場だということがわかってきました。**

それは私自身の人格というより、私の周りにある一種のエネルギーであり、私がそれとつながっているからなのです。そのことがわかってから、私は心や魂、そしてエ

ネルギーについて真剣に考えるようになりました。

ここで少し波長とかエネルギーについて説明しましょう。

宇宙がいろいろな種類のエネルギーで満ちていることは、物理学で明らかにされているところです。

太陽の光のように暖かく、目に見えるものもあれば、宇宙線や放射能のように人には感じることのできないものもあります。また音波のように耳に聞こえても、目に見えないものもあります。

人の体を巡るエネルギーも目に見えませんが、ちょっと訓練すれば感じることができます。もう少し集中力を養えば、目で見ることも可能です。

私たちは目で見えないものや感じないものは信じないという傾向があります。けれどもそれは、私たちがある範囲の中でしか感じないからで、だからといってそれ以外のものが無いというふうに考えるのは間違っています。

私も自分の感覚が広がる前は、自分にとってわからないものは存在しないのだと思っていました。

でも今は違います。自分の感覚に枠があり、その枠は文化によって思い込まされていたり、自分で決めつけていたりしていることのほうが多いのだと思っています。

人の体のエネルギーのワークを学んでいるうちに、心のエネルギーを感じるようになってきました。


そしてそれにも段階があり、人はそれを自由に上げ下げでき、ちょうどラジオのダイヤルのようにチューンアップできることもわかるようになりました。

そして波長を変えるたびに、自分の眼前の風景が変わるのです。


消極的に「こりゃあだめだ」と考えると物事はそうなり、良いほうに考えると良くなるのです。


ですから良いことばかりをイメージしていると、運の好いことばかりが起こります。

宇宙にはあらゆるレベルのエネルギーが充満していて、好きなものを取って好いのです。ありがたい話ではありませんか。

だから心のイメージの方向を高くしていると、好いことがたくさんやってきます。まさに「笑う門には福来る」です。そして心を開いていると、良いことをキャッチしやすいのも確かです。

ただ心の波動の高さと知性の関係は反比例するところがあります。豊かな感覚でキャッチしたものを（その多くは目に見えない情報です）実現するために知性が稼働するのならよいのですが、多くの場合、知性が邪魔をして妨害電波のような働きをしてしまいます。そうなるとまったく勘が働かなくなってしまいます。

私が相談に乗ってきた人は、頭が良く、利口で分別があり、それゆえ自分の心の方向を読みとれない人が多く、なんとか感性と知性のバランスを回復させるのが私の仕事でした。自分の勘を信じている人は自然とそれをしているので、他の人に相談することもないのです。

心のエネルギーを高くしていくというのも、生活習慣です。

物事が良い方向にいくとイメージする事です。


過去や記憶を重視する人は、なるべく未来志向になりましょう。

二四目のドジョウは居ないと思い、いつも違うことが起こると考える事です。そうしないと思い込みの罠にはまります。

次に、良いイメージを発信する時の強さですが、

「……したい」では充分ではありません。

「……すると決めた」という決心のエネルギーを送るのです。


「決定事項」の伝達という感じです。

それを時空に飛ばします。未来と握手する感じです。

これにひるむような事があれば、何も起きません。自分はこの程度と思ったら、その程度の事しか起きません。

中心にある光の中に、魂という発振体があります。

ただその稼動状況はさまざまです。
なかなか高周波が出ない出力不良や、雑音が混ざって受信しにくい、騒音ばかり聞こえるなど、色々です。

一体どうしたら良いでしょう。クリアーできれいな波が送れるには、

①**高いレベルのエネルギーに出会い、修正する。**
お助けエネルギーからの支援、他力によります。

②**カルマの成就。自力で治して、苦労を受け止め、そこから卒業する。**

実際にどんな風かというと、魂の波長の低い人は、会った時なにか黒い感じがします。暗い人という以上に、気が黒いといったほうがよいかもしれません。どんなに肌

の色が白くても、ある種の黒さがあります。

漂っているものが暗いだけの人は、そんなにたいしたことはないのですが、目が漆黒の闇のような人はちょっとやそっとでは治せません。

これはその人の人格とは関係なく、人の良い、腹黒いところのない人でも、そのような闇を抱えている人がいます。その目は輝いて澄んだ光を発すること無く、まるでブラックホールのようにどんな光も奈落の底に吸い込んでしまいそうです。

そして多くの場合、その人は不運と友達です。


こういうことは、どうして起こるのでしょうか。

もし人間の生が今生一回きりであれば、こんな不公平な話はありません。


何故にある人はラッキーで、ある人はいつもいつも不幸に泣かなければならないのでしょうか。

私はたぶんこれは「転生」ということを受け入れないと解決できないものだろうと

考えます。

この魂の波長はさまざまな思いの積み重ねの結果出来上がったもので、それには何回もの人生の過ごし方が影響しているのではないでしょうか。

私自身は霊能者でも何でもありませんが、「この人の過去はこうだったのでは」と感じることは、たびたびあります。

また人は、一瞬のうちに、互いの力関係を読みとるものですが、それは主に、このエネルギーレベルの差を互いのセンサーが感じとることなのではないでしょうか。

これはいってみれば霊格の差です。


波長の低い人は高い人に従うという関係が、意図しなくても出来上がります。

それは見かけの地位、財力、年齢とはまったく関係がありません。エネルギーレベルの高い人のほうが少しは自分より光に近く、何だかんだといっても、その人にくっついていると自分だけでいるよりは、浮かばれるからです。この高低がはなはだしくなると家来と主人のような関係になります。

ただ、あくまでこれは相対的なもので、高いといっても他から見ればレベルの低い場合もあります。要はその人にとっての高低で、人間の霊格は幾重にもレベルがあり、上から下まで果てしがありません。

何かのきっかけで低かったほうの人の心の成長が著しく、今までと波長が変わるとそれが縁の切れ目です。

そこに別れと新たな出会いが始まります。

魂のバイブレーションを高めるには?

この魂の**波長というのは、生命体そのもののバイブレーションで、視覚的にいえば明度になりますが、それは声にも表れます。**

ですから声の質の中にそのレベルを察知することもできます。声の明るさ暗さともいえますが、電話だけで、その人のレベルを知ることはそれほど難しいことではありません。

触覚からいえば、その人に触るとそこに積み上げられたたくさんの悲しみが手を通して伝わってきます。

私の経験からいえば、**魂の波長にもっともよくないのは怒りです。**これについては、後でまた詳しく述べましょう。

さて、自分の中心が見つかるのは、この心・体・魂の三つの間のバランスが取れている状態の時です。その三者は互いに独立しているのではなく、つながっていることは先に書いた通りです。そして私たち自身、宇宙ともつながっているので、私たちのバランスが回復し、平和が訪れるとその分だけ世界が平和になるのです。

中でも魂の波長は、もっとも直接宇宙の波長と交感しやすいのですから、ここのレベルを高くすることが大事になります。

ただこれを直接感じることは私たちには難しく、そのためにヨガ、気功、瞑想などの方法があります。いきなりそれに取り組むのもよいですが、やはり**体や心もある程度高い波長を感じやすくする準備をすることが結局は早道です。**

そのために前にも書いたような食事や心の掃除、つまり発想の転換が必要になります。とてもクリアな波長を持っているのに、それが肉体レベルにまで及んでいない人もいます。たぶん食習慣を変えれば、もっと素晴らしいことが訪れるはずなのに、と残念に思うこともたびたびあります。

では、エネルギーも高まり、バランスも取れてくるとどうなるのでしょうか。

まず体が軽くなり、大儀でなくなります。

遺伝の肥満でなければ、普通痩せてきます。体が気持ち良くなるのですから、自然と機嫌がよくなります。

気分も昂《あ》がってきて、やる気が生まれ、心も前向きになってきます。

楽観的になり、今まで心の中で「大変だ、とてもできない」というイメージを作り上げていたものが、実はたいしたことではないことに気がつきます。

他人から見ると生き生きと楽しそうで、私からみると気が澄んできて、

透明感が増し、明るく白い感じになります。

そして安心感を人に与えます。

そこまでになってくると、大体こうしたいと思ったことのほとんどは実現してしまいます。その実現の仕方が、予想した以上に素晴らしいということになります。

「運がいい」つまり「天が味方している」という感じになります。

ですから大事なのは、**自分を常にエネルギーの高い状態にしておくこと、しかもバランスを保ちながらです。**

そうしないと、どんなに努力しても、それが実りません。努力を否定するわけではありませんが、どちらが先かというと、魂と心が喜んでいることが先なのです。

よく心が先か、形が先かということをいいますが、これは迷うことなく心、気持ちが先です。形が心を引き出す、ということはまずありえません。あってもたいへん稀です。

形が先行する人は、宇宙が目に見えないエネルギーで満たされている、その力の動きを知らない人です。

ですから、義務感や「ためになる」という勘定高さで、自分のことを決める頭のいい人でしょうが、結果はろくなことにはなりません。

目標を達成してもちっとも嬉しくないし、ましてやそこに至るプロセスは思い出したくもない苦労ばかりになります。

目標を立てたとき、それをすることが楽しいかどうかは、たいへん重要な指標になります。

またそれが一年も二年も先のことなら、自分の一日の中で、その努力がどのくらいなら楽しみでいられるかを見極める必要があります。それも大事なバランス感覚です。

義務になればなるほど心は沈んでしまうからです。

そうなると逆効果で、やればやるほど目標から遠ざかります。根性さえあれば、というのは浅薄な精神論です。

私自身、この文章を書くことは楽しいことですが、手や指が疲れたり、頭だけで考えはじめたら即座に止めます。今日はこのへんで、ということになります。

楽しさという平和のパワーが伝わらなかったら、どんなに立派なことが書いてあっても意味がないからです。

体を温めると、魂の波動も高まります

人は魂をエンジョイさせながら生きることが必要です。できるだけ高い宇宙の波動にリンクできるように生きるのです。
もし今の状態に制限が多くても、自分が想う事は自由です。

不足をかこつより、自分の夢をはっきり描き、それを宇宙に放ってください。

病気でベッドに寝ていても、お金がなくてもそれはできます。そしてそれが実現できるところを空想の中でもよいから楽しむのです。**楽しんでいると、楽しんだ分だけ中心から発する周波数が高くなります。**

それは現実逃避ではなく、その心の楽しんでいる事が、目に見えない治癒のエネルギーのシャワーとなって、体をも良い状態に変化させます。

どんな人も一つは好きなことを持っていますし、人からみてチャーミングなところがあります。どんなにエネルギーレベルが低い人も、思わず笑ったりするとその一瞬だけで輝きます。

私はあるカウンセラーを知っていますが、彼女の目はいつも笑っていて、見つめられるとそれだけでこちらもつり込まれて笑いだしそうになります。天性のヒーラーといえましょうか。

とにかくオープンなところを見つけて、そこから閉じこめられたエネルギーを解放していくことが、その人の全体のバランスの回復の第一歩となります。

では実際にどこから手をつけたらよいでしょうか。

バランスの偏りは人様々なので、一概にこれという定番はありません。一人一人会うたびに、これだというポイントがひらめくので、Aさんにうまくいったから、Bさんにもというわけにはいきません。

しかし、滞っている流れのどこからでも、少しずつ変えていけば必ず全体の変化を呼ぶことができます。

なんとなく重たい感じがする人は、みな食べ過ぎです。血の巡りが悪く、冷え性の人もいます。そういう場合は、**足の薬指と中指の付け根のツボをマッサージし、自然に循環が良くなるようにします。**

私達は「冷える」ということにかなり無神経になっています。クーラーをガンガンかけても平気ですし、冷たい物も平気で口にします。私達は三六・五度くらいの体温を維持している動物なのですから、過度の冷えは体力を消耗するだけなのです。

さらに悪いことに、

冷えが体のある部分に定着してしまうと、
私たちのエネルギーの流れもそこで鬱滞してしまうのです。

私達は誰もが冷たいものより、温かいものにひかれます。心だってそうではありませんか。**冷えが取れて体のエネルギーが流れ出すと、誰でもほっとリラックスし、心が緩みます。**

長年かかって溜めてしまった人は、一度に冷えを取るのは難しいので、薄紙をはぐように消していきます。そうすると、ある段階から、その人自身の性格が明るくなってきます。体の流れが心に及ぶわけです。

心にショックを受けたりして、心を閉ざしている人も、外側の体を温める事で、少しずつ変わっていくこともできるのです。

物理的変化と精神的変化とがつながっているなんて、あまりにも単純過ぎると思う人は、何もわかっていない人です。

私達はエネルギーという波動でできているのですから、どこからアプローチしても良いのです。

大事なのは私たちがよく流れていて、宇宙とつながっていられるという事なのです。

このように外から温めて流れをよくしていくと、心の滞りも少なくなります。そして、今まで停滞していた周囲の状況もそれに呼応するかのように変わっていきます。単なる偶然と片付けられないことが起こります。

良い流れは、その人に希望を与え、ものの見方も積極的になってきます。

体の流れがここまでくると、その明るさは魂の波動に影響を与え始めます。魂もリラックスし始め、動きが少しずつ出てきます。

少しずつ波動が高くなって来ると、周囲を取り巻いていた黒い霧のようなものが晴れて来ます。まだ太陽が顔を出すほどで無くても、しだいにその人の雰囲気が柔らかく、明るくなっていきます。好運の女神が微笑むのも間近になるわけです。

ですから体の流れを良くすることはたいへん大事なことなのです。理科の初歩の知識に、熱を加えるとその物体の原始の運動は活発になるというのがありますが、**人も体を温めると、流れが活発になり、魂の波動も高くなるのです。**

宇宙に向かってオーダーしよう

魂は、私たちにとって、宇宙の玄関口のようなものです。

それを生活習慣の枠組みの中に取り込むという考え方で、私たちの生活はとても「便利」になります。魂は、崇高な物と奉るのではなく、もっと身近な事、私たちの何気ない動作の中に顔を出します。

ただ知的な能力ばかりに注意が行っている現代では、霊性というのは感じとりにくく、埃をかぶって部屋の隅に置かれている扱いになっています。

事実、この能力が磨かれてくると、物事はたいへん簡単でその分知性の出番は少なくなります。

例えば、こういう物が欲しいとか、こうしたいということの実現の仕方が今見当たらなくても、**その想いを魂という発信機を通して宇宙に発信しておくと、ある日突然**

ひらめいてそのとおりにすると、どんぴしゃり思った以上のことになります。

ある本が欲しいと思ったとします。
本屋に問い合わせると、絶版で手に入りません。
さあ、どうしたらよいでしょう。足を棒にして古本屋を探しましょうか。
いいえ。

ただ諦めずに、この本は自分が読む本だと心に決めて、
その思いを宇宙に投げかけておきます。

するとある日、どこそこへ行けばある、ということが突然わかるのです。で、とにかくそこへ出向くと本当にそうなのです。そんなことがあるわけがないと思う人は、勘の鈍い人です。勘が良くなるとそんなことは日常茶飯事です。

私などは買い物が嫌いですから、いつもそれで決めます。

椅子が欲しい。秋物のセーターがいる。みんな発信しておくのです。

そのためにデパートを歩き回るなんてまっぴらです。

そしてある日、ああ見つかるな、とわかります。そこ一軒で決着しますから、時間とエネルギーの無駄がありません。


息子の椅子を買ったときなど、ある日突然今だとわかり、すぐ車を飛ばして何度か行ったことのある骨董屋へいきました。玄関口に同じような椅子が五、六脚ありましたが、すぐに買うべき椅子がわかりました。

一瞬で決まり、あっという間に買い物が終わりました。そうやって決まったものは今でもちゃんと愛用されています。


でも、迷いに迷ったものは、大体はずれということが多いのです。それは、本当に必要なものではないからです。そういう時は、魂からの返信は来ません。こういうことが重なると、知性というのは本当に役立つものなのかどうか、たいへん疑問になります。

今は卑近な例を取り上げましたが、なぜこういうことが起こるのでしょうか。そこを考えることが大事だと思います。

願いがかなうというのは、世界がどうなっているからでしょうか。

心に決めたことを宇宙に向かって発信すると、どこかで受け止められて必ず返信がある

というのはとても不思議なことではありませんか。

別な考えでは、人間のすることはすべて決められていて、未来のセンサーがちょっとばかり働く人は、起こることを前もって予知するから、そう感じるのだということになります。

「なになにが欲しい」というのは、将来それを得ることになっているからそう感じるのでしょうか。確かに人は自分にそなわっている能力以上のことは、夢想だにしないということはありますが――。

一事が万事そうなると、では誰が何のためにそのシナリオを書いたかということに

なります。

神様が書いたのなら、人生の中で起こることは私たちの責任ではなくなります。自分が書いたのなら、いつどこで、どういう目的でということになりますし、なぜ苦しみや悲しみも書く必要があるのかが疑問になります。経験から私は、このどちらもが本当なのではないか、と考えます。

知性の枠を取り外すと、自分が限りなく広がっていくのがわかります。ですから100メートル範囲の針が落ちる音さえわかるというのは本当です。自分が広がるというより、体の外の世界とつながると言ったほうがよいかもしれません。

逆にいえば知性は、へたをすると広がってしまいがちな自分を体の外に出ないように押しとどめる役割があるといえます。

いつも外とつながったままだと、やはり生活上こまることもありますから。

ただそれが臨機応変にできる場合はよいのですが、あまりに知的に偏るとふつうのコミュニケーションもできなくなってしまいます。特に今の時代は、このような人が増えています。

又、時間に対する私たちの思いこみを取ってしまうと、未来のことがわかるというのも確かです。

前に、引っ越す予定もなかったのに、引っ越しの日とその場所がわかり、その日以外は雨というのもわかりました。

事実1か月後にはそのとおりになり、荷物を運び込んだ翌日は大雨でした。

夫が1か月ぐらい先のスケジュールをしゃべるのを聞いていて、どれがキャンセルになるかその場でわかります。またその日はちょっとまずいなと感じたものは、たいていつぶれます。

これは一体どうしてなのでしょうか。たいへん矛盾するようですが、自分の人生で起きることが初めから決まっているということと、自分の気持ちや想い方次第で周りの世界が変わるということはどちらも本当のような気がします。私たちの人生はその人なりにトータルなところでバランスが取れるように按配されていて、**そこに至るア**

プローチが自分の裁量に任されている気がします。

ですからもし**自分の今の状態が平和で高い波長であれば、決められたことに至るプロセスはとても簡単です。**

私はたまたま引っ越しの日の天気がわかったので晴れた日に引っ越せましたが、勘が鈍ければ雨の日になったでしょう。

私が晴れ女なのは、晴れる日に行事をセットするからです。ですから、

常に運命に対して、自分の心の内をバランスの取れた平和で波長の高い状態にしておくことは大切なのです。

けれども全体感覚が鈍い人もいて、そのたびにトラブルが起きるのですが、その一つ一つがその人にとっての学習なのですから、それは充分経験する必要があります。

苦労やトラブルも、天からのお薬です。口に苦くても、しっかり飲み込み、さらに健康になりましょう。

トラブルの起きる人、運の無い人に共通するのは、魂というものに対する配慮の無さで、「一寸の虫にも五分の魂」が分からずに、人間関係で失敗します。**相手の心が読めないほど、自分の心も曇っているのです。**

魂は高いエネルギーの発信機ですから、ぴかぴかに磨いておけば、相手の心との交流も簡単ですし、連動する心や体と良いバランスになっていれば、いつも平和な気持ちで居られます。

この気持ちとポジションをよりどころにすると、自分の平和な中心からぶれない生き方ができるわけです。

ここまで分かると、後はとても簡単です。
自分のやりたい事を実現していけば良いのです。

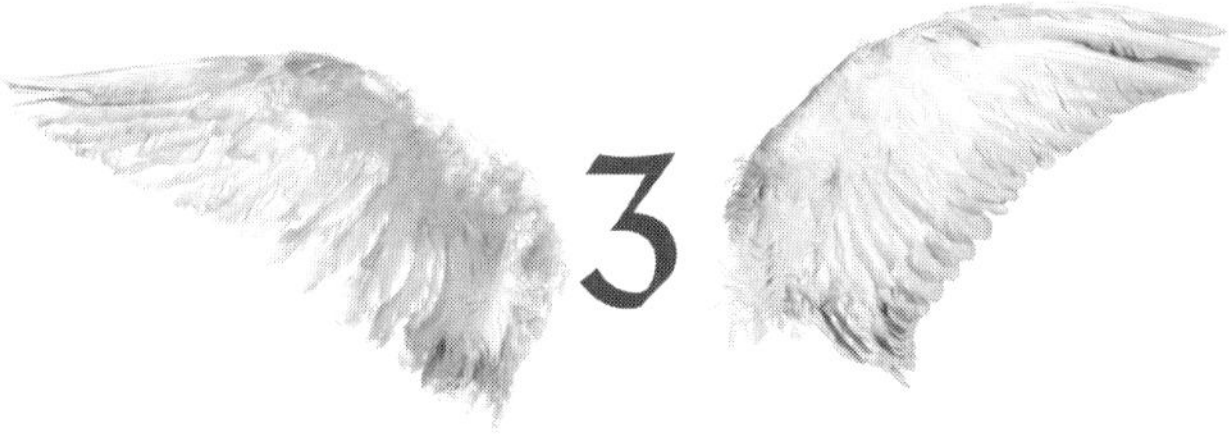

人生を好転させる「魂の法則」を知っていますか？

あなたのエネルギーと好運をリンクする

事故、病気、怪我は、アンバランスのサインです

自分が心・体・魂のバランスの取れた人間かどうかを知るのは、なかなか難しいことです。もちろん完全なバランスなどありませんし、あってもそれは一瞬のことで次々と状況は変化していきます。

ちょうど波乗りのサーファーのようなもので、次々にやってくる波をどう乗り切るかがその人の能力です。

上手な人はどんな波でも、自分の体勢を崩さずに、すいすいと乗り越えます。見ていると、そうすることを本当に楽しんでいるのがこちらにもわかります。

下手な人は、今乗っている波に翻弄され、次に来る波のことまで目に入っていませんし、結局ひっくりかえって沈んでしまいます。

人生もこれとたいして違いがないようです。

私たちは自分の波乗りをうまく、楽しくできるようにバランスを取る必要があります。

今もしあなたが「自分は楽しんでない」とか「ハッピーでない」と感じているのなら、その原因はほとんどの場合、**自分の中の知性と霊性のアンバランスにあります。**

お金が無いとか、亭主が飲んだくれだとか、寝たきり老人を抱え、しかも他の兄弟は知らん顔だとか、自分の外側にいくらでも理由があるかもしれません。

そう言い続けているかぎり、あなたには何も見えていません。自分がそういう状況を作り出しているのだという考えがないかぎり、バランスの回復はやってきません。

自分が割を食っているのは、それを自分が必要としているからなのです。

もし、そういう今が嫌なら、外側を非難せず、自分の何かを変えることです。

というのは、自分の周囲に起こる事柄は、すべて全体像の反映だからです。

私たちは、自分の周囲に起こる出来事の共犯者なのです。

このことがわからない限り、自分のバランスの回復は望めません。悪いことはすべて他人や社会のせいにする人は、決して状況から抜け出ることはできません。そのような考えは、基本のところで、自分と外側を切ってしまっています。

前にも言ったように、実際の話、私たちはオープンシステムで、切れているはずはないのです。つながりを感じられるなら、自分の周囲のトラブルの少なくとも半分に責任を感じるはずです。

そうすると、半分だけ憎しみや批判する心が消えます。人は普通自分には甘いのですから。そして自分のどこにその状況を生み出すものがあるのかを考えはじめます。

そこまで来れば、自分の流れは上向きはじめます。

ただ、ここで次なる展望がはっきりしている必要があります。**トラブルの原因はほとんどバランスの欠如にあり、その人がどこか決定的に劣っているのではありません。**ここのところが大切なポイントです。

バランスの調整さえすれば、たいていの問題は解決します。

その人だけが悪いのではなく、過去の人生すべてを否定することもないのです。今起こっている問題は、過去のバランスの歪みの結果にすぎません。家庭内暴力もたいていは十年くらい、親がその子供に言葉の暴力や侮辱を与え続けた結果、その支払いが一度に来たものです。

登校拒否もどこにアンバランスがあったかを見つければ、意外と簡単に解決の方向が見つかります。

学校に原因がある場合もありますが、子供が別のところで心の緊張を強いられていて、それがたまたま学校に行かないという形で表れることもあります。親の夫婦仲の悪さが子供の登校拒否となってでることもあるのです。

トラブルの周りには、ある決まったパターンがあります。

事故、病気、怪我はバランスを回復しようとする調整のサインです。

風邪は疲れた体を休ませたいという自分の意志がそこにあります。事故はたいてい心の緊張が一気にほぐれるために起こります。ケガはやはり、自分のペースの乱れからすることが多いのです。

トラブルは、何かがアンバランスだということのサインなのです。

そして、現代のトラブルのほとんどは、先ほどいった知性の過剰と霊性の枯渇から生じています。それは私たち個人の生活だけでなく、時代そのものの病でもあるのです。ですから今、世間の常識どおりの生き方をしていれば、見かけはいいでしょうが、必ずや袋小路にいかざるを得ないのです。考え方を変えないかぎり。

頭で考える人から心で考える人になりましょう

知性の過剰は、どこから来るのでしょうか。

それは宗教の世紀だった中世が終わり、人間中心の近代がはじまったところに発端があります。

科学や産業の発展とともに、私たちは魔女狩りの暗い時代と決別しました。けれども時代が進むにつれ、知性の発達は臨界点を超えてしまいました。

今はまた軽くなりすぎたもう一方の世界へシフトする必要が出てきました。今そこここで見られる問題は、このことを知らせているにすぎません。

というのは、現代のトラブルが起きる人間関係の中心には、必ず知的な人がいることからわかります。

私が扱ってきたケースのほとんどは、たいへん高学歴の人、あるいは知性に過大な憧れや価値を感じている人が多いのです。あるいは学歴とは関わりなく、ただ知的にものを考え、なんでも頭で決めようという人もいます。

その人たちに特徴的なのは、
自分の外側に判断の基準があることです。

彼らは世情に通じ、情報を山ほど持っています。内容は子供の受験情報、ブランド品のランク、周囲の人事やゴシップなどそれぞれですが、そのような他人が作った基準に何とか自分を合わせようとして生きています。

そのための努力は人後に落ちず、今の楽しみややりたいことを我慢して、つまり自分を抑えて外側の基準に身を委ねます。

そうしているうちにそれが習い性となり、自分の中は空っぽになってしまいます。

そうなると、**信ずるべきものは自分の中に何もなく、世間の良しとしたものをひた**

すら追いかけ、些細なことに一喜一憂するようになります。

それが進みすぎると、自分が何をしてよいのかわからず、蝉の抜け殻のようになってしまいます。自分の本当にしたいことがよくわかっていて、それのために我慢したり、頑張るのはよいのですが、気持ちがそこまでいっていないのに、**心を抑えると、心は緊張したままで硬くなってきます。**

だんだん心のエネルギーも下がり、それが高じるとひたすら眠るということも起きてきます。それは睡眠によってしか、心の緊張が緩まないからです。**また心も閉じてきて、笑うこともなくなり、だんだん周囲に壁を築きはじめます。**自分の中から発信するものはなくなり、だんだん存在感が薄れてきます。人は体と心と魂の三つが合わさったものですから、

心が弾まなくなると、
体も硬くなってだんだん物に近くなってしまいます。

まるで家具のようになっていき、生きている人という感じがしなくなります。発信する波長が弱ければ、誰もキャッチできませんし、自分ですら自分の発信内容がわからないということが起きてきます。

自分が本当にやりたいことというのは、魂と心と体の三つが連動してゴーサインを出しています。

ですから「わくわくする」ことは、大体自分のやりたいことですし、連動していないとわくわくしないのです。魂の波長が高まると、それは必ず体に表れます。目は輝いてくるし、生き生きして明るい感じがします。中心から発した光は強く、輪郭のはっきりした人になります。

頭で考えた目標はこうはいきません。義務感でやると、どこかしら気難しい感じがしますし、どうみても楽しくありません。魂と心と体のどこかにすれ違いがあるのですから、そばで見ていても不安な感じになります。どこに本心があるのか掴めないからです。もっとも本人さえもわからないのですから、他人がわかるはずもありません。

私は時々、人間にはなぜ知性が与えられたのか、不思議に思います。魂と心と体の三者の足並みを乱すようなことをちょくちょくするからです。

魂の発する波長を読みとり、それが実現するように働くのなら、知性も役立つのですが、今の私たちの多くはその使い方を誤っているような気がします。

それは、心のエネルギーの向かう方向が内にではなく、外にいきすぎているからでしょうか。刃のようにものを区別し、切り刻み分けていく知性よりも、

つぎつぎと隔たっていたものをつなげていく魂のエネルギーの方が、私たちに良きものをもたらしてくれる

ような気がします。心が通じあってしまえば、言葉はいりませんし、形に裏切られることもなくなります。ですから、**理屈をこねるより、発信機のパワーを高めたほうが手っとり早いのではないでしょうか。**

毎日、楽しいことをして心のパワーを高くする

では、どのように魂という発信機の能力を高めたらよいのでしょうか。簡単なようでいて、こういう発想に不慣れな人には難しいかもしれません。

まず一つは、ひらめきがあったら、その実現を信じて待つという能力です。

「そんなことがあるはずがない」と知性が反対するのですが、それをはねのけて待てるかということになります。

でも、そのためには、ある種の確信が初めになければなりません。

それは魂からの情報です。それを知性とどのようにリンクさせるか、これがいちば

ん大事なポイントです。

それなくして、ただ闇雲に、「信ずれば救われん」ではいけません。

初めはほんの些細なことでよいのです。小さなひらめきを大切に積み上げることが、その能力を育てることになります。

そして、実際に「そんな馬鹿な」ということが実現するという経験を通して、少しずつそのパワーの使い方が上手になっていけば良いのです。誰でも初めは初心者です。


すると、魂が連動している願いは、ほとんど実現してしまうという、驚くような事実を体験するようになります。


ただ私たちにとって、魂の力の発見と体験が難しいのです。

魂の発見というのは、知性あるいは狭い自我の枠を取り払わないとできません。瞑想をしてそれを見つける人もいますし、死に損なってぎりぎりの体験をしてわかってくる人もいます。

けれども過激な体験をしなくても、魂と出会うことはできます。それはどんなことでもよいのですが、**心底楽しいという自分の心が満たされる時間を持つことから始まります。**

大人はふつう生活に追われ、なかなかそういう時間が持てません。でも、一日にほんのわずかな時でもよいから、心弾む、あるいは心やすらぐ想いを胸に抱くことが大切です。

外に散じていた心の方向を内に向き変えることです。

そうすると、私たちは今を生きることができます。

「……のために」ということを忘れ、その時の流れるままにいることができます。これはなかなか難しいことで、ふつう私たちは何かやりながらでも、他のことを考えているものです。

瞑想しようとしても、たいてい雑念と呼ばれる考えが後から後からわきあがってきますし、それを滅却するには余程の修練が必要になります。けれども楽しいことをしている時は、努力もしないでそういう集中した状態になれます。次から次に新しいアイデアが湧いてきます。

ですから、

心のパワーが上がっている状態をしっかり身につけるには、楽しいことを少しでも毎日の営みの中に組み込むことです。

そうすると嫌なことの多くは帳消しになったり、前ほど気にならなくなります。大きな問題だと思っていたことが、たいしたことではなくなります。

それは問題の内容が変わったのではなく、心の力のレベルが変化したのです。

私たちは自分の外側に少し目を奪われ過ぎているのではないでしょうか。そして外側を見る眼差しは傍観者や部外者のそれで、八百屋でリンゴを買うように自分の行動を決めてはいないでしょうか。

もし私たちが自分の本当にしたいことをやり過ごして生活していたとしても、私たちの心は決してそれを忘れてはいません。

心の奥、いえ意識の奥のほうから弱い電波を放っています。

そして生活の雑事に埋もれた表層をときたま突き抜けることがあり、あなたの意識の上に上ります。

あなたはそれを痛みと感じるでしょうか。
または不思議な呼び声と思うでしょうか。

誰しもが、この人生でしなければならない仕事があります。それが今していることであれば、それはたいへん幸せなことです。

でも、必ずしもそうではない場合もあります。

今の時代は心のままに生きられることは稀ですから、何らかの軌道修正が絶えず必要なわけです。そして、

その今生の仕事というのが、たいていは自分のバランスを回復するような結果になるように仕組まれているのです。

自業自得、蒔いた種は刈らねばならない、などという言葉がありますが、これは皆バランスの回復を目指す動きなのです。

今起こっていることはすべて自分が招いたことですから、全力を尽くしてそれを解決しなければなりません。

私がこのようなことを書いているのも、私に見えてしまったことを知らせる使命があるからです。これをしなければ、私はさらに進んで歩いていけないからです。

もしこれを書かずに、気楽に生活しても、私は決して心平安に生きることはできな

いと思います。やらなければならないことを知りながら、やり過ごせば過ごすほど、心の中のつっかえは大きくなります。そして必ずやそれが体に表れます。

それだけでなく私の周囲に、私の心の状態を象徴するような事件が起こるはずです。そんなことにはなりたくありませんし、それよりもどんなにたいへんでも、

自分の山には登ったほうが良いのです。

時々私は宇宙の秘密を見てしまったような気持ちになります。その宝は独り占めするにはもったいないほどです。王様の耳はろばの耳ではありませんが、やはりその秘密はご縁のある人と分け合ったほうがよいのです。

もう大分前になってしまいましたが、原因不明の高熱を出して寝たことがあります。なにしろ体温計の四〇度の表示を突き抜けてしまったのですから、いったいどのくらいあったでしょうか。それでも熱いという感覚がなく、体温計の表示を他人事のよう

に感じていました。

私は東洋医学を信じていますから、結局医者には行かず、夫が私のアキレス腱を緩めて、熱が下がりました。

それから1か月かかってゆっくりと回復したのですが、今考えれば死ぬ一歩手前ということが何度かありました。その中で私はさまざまなことを見たのです。

私は幼い頃からたくさんの病気をしてきたので、ぎりぎりのところにいるという感覚は馴染みのあるものでした。

その中で私は世界中を旅でもしたように、いろいろな地域で人生を送った、いわゆる転生のパノラマを見たのです。

いや、それは高熱の中でみた幻覚に過ぎないと言ってしまえばそれまでですが、そう言い切れない何かが、心の中にあります。

いつぞや、あるニューヨークの有名な霊視家が私の写真を見て、たくさんの転生を経た知恵が積み重なっているオールド・ソウルだと言ってくれましたが、それはともかく私には自分が知ったものを伝える使命があるのだと思っています。

怒りや批判は自分の霊的エネルギーを弱めます

私たちには足りないところを補おうという無意識の傾向があります。

たとえば学歴がなくて苦労した親は、子供にその苦労を味わわせないようにしっかり教育を施します。

家庭的に恵まれなかった人は、自分は良い家庭を持つのだと頑張ります。

英語にコンプレックスを持っている人が、ある日一念発起して英会話学校に通います。このように足りないところを埋めたいという気持ちは私たちのバランス感覚から出ています。

私たちの運命もその一つで、

たとえ不運な出来事が起こってもそこで遭遇することを克服すると、結果として私たちの中の欠落した何かが埋まるのです。

またそうなるように自分にやってくることを迎え、捌《さば》かなければなりません。そしてそのように学習し経験すると、そのようなことは二度と起こらなくなります。

ところがそれを自分以外のもののせいにしたり、ただ批判したり、他の人になすりつけたりすると、もっと大きなこととなって私たちの前に立ち現われてくるのです。

ですからすべて**自分の周りで起こったことは、そういう状態をつくりだした自分にも責任があると考えねばなりません。**ま、差し引いても半分半分といったところでしょうか。先ほども書きましたが、特に事故、怪我、病気はバランスの欠如の反映であることが多々あります。

なかでも自分を抑圧して、魂のエネルギーが低い状態にあることは、もっとも避けるべきことです。

そこにはあらゆる不幸を現出させる元が渦巻いています。

ですから私達の心の想いというものに、私たちはもっと注意をはらうべきなのです。それは目に見えませんから、つい、ないがしろにしますが、それこそが私たちの現実を作り出しているのです。

人を批判する、悪く思う、そねむ、そしる、怒るなどの想いは、自分自身の霊的エネルギーをどんどん弱めていることになります。

たびたび事故や怪我を起こす人や家族を見ると、そこに否定的なエネルギーが取り巻いていることを見ることができます。

頭はとてもいいけれど**批判的なまなざしの人が親の場合は、子供にそれが表れます。**

家族は一つの小宇宙なので、一人の人の心の抑圧や歪みが全体に影響してしまいます。

特に今は、母親がたいへん知的になっていますので、もし彼女が豊かな感性や魂の高い波長を持っていないと、そこの家族のバランスが取れなくなってしまうのです。

ところがたいていの場合、その母親自体の育てられ方が小さい時から無理な知的訓練を受けているのがほとんどですから、そこの家族は二重に病んでいることになってしまっています。

子供の登校拒否などは、親をなおしたほうが早いということもあります。

楽しいこと、どうしてもやりたいことをほんの少しずつでも果たしていく。その心との対話が私たちには大切なのです。

そして不思議なことに、自分のエネルギーが上がって来ると、だんだん周囲に良いことが起こりはじめます。困った問題は姿を消していきます。足元からだんだん明るくなっていきます。そうなってくると、私たちは自分の中にある力を必要としている人にあげたいと思うようになります。

そして、その力がある程度高まると、ちゃんと宇宙がそれを感じとって、そういう場が用意されるのです。

すべては自分の思惑外のところで準備されているのです。この力の法則は一つの例外もなく、まことにはっきりとしています。

運が良くなるには方法があります

運も実力のうちなどといいますが、運の良さにも、一定のノウハウがあるのです。

その一つが、知性を働かせ過ぎて、物事をあまり決めつけないという事です。

もし自分の魂の波長が高く、バランスが取れていれば、何かを判断しなければならない時、

心の中に自然と答えが浮かんできます。

印象というか、インスピレーションというものでしょうか。


うまく物事がいくときの流れは、その日の天気まで味方しているというように、肯定的なエネルギーが満ちています。私はその感じがよく分かるので、自分がいつも平

和のうちに一日が終わるように配慮します。月並みなことですが、

生きていることに感謝し、
物事の良い面を見るように考えることです。

思いどおりにいかなかった日は、宇宙がうまくキャッチできなかったな、と感じますから、それはそれだけのことです。おめでたい人といわれても、不満や批判を抱えて翌日に持ちこすよりずっとよいではありませんか。

物事というのは、形になる前に、見えないエネルギーが集まってその準備をし始めるのです。「一葉落ちて天下の秋を知る」という言葉がありますが、**物事が成されるには、一つ一つの小さな必然が、積み重なってできていくのです。**

その小さな必然は兆しとして偶然の形をとりながら、
先行きの結果を予言するのです。

この土台となる見えないエネルギーは、善き意志でなければなりません。

それが単なる利己心や、人を泣かしてでも自己の利益を図ろうとするのなら、形は立派でもそれは長続きしませんし、一時的にうまくいくほど結果は破壊的になります。結果よりプロセスが大事なのです。というより、

プロセスのうちにすでに結果があるのです。

ですからプロセスに苦しみだけがあってはならないのです。プロセスの中の苦しみは、結果を超えて次に及んでいきます。

物事の道理というのは、そういうものなのです。

もしあなたが、何らかの問題を抱えているのなら、このような脈絡の中で、ものを考え直してください。それが平和と幸せへの一歩となっていきます。

好運と同調できるアンテナを持つ

高い霊的波動は良きビジョンとなって心に浮かび、それに導かれて知性を道具として使いながら人生を歩む。それが本当にまともな生き方です。

このような順序によってもたらされるものは、平和です。何だ、そんなことかと思う人もいるかも知れません。

しかし、**内的平和の持つエネルギーはたいへん大きなものです。**その力は普段はあまり目立ちませんが、一朝事ある時には、闇夜の灯火のごとき力を発揮します。

魂や潜在意識の抑圧された人は、型どおりの生活に甘んじている間はなんとか失態無く日を送れますが、内部の不安定さは常にそこに在るわけですから、ちょっと普段と違う状況になるとパニックを起こしてしまいます。特に今の時代は変化が激しいのですから、情緒が安定していることがますます必要になるわけです。

しかも魂の波動は人種、言葉、文化といった人間の作ったものに遮られることは、まったく無いのですから、高い波動を持つことはたいへん楽なのです。テレパシーのように、一瞬のうちに理解できますから、あの人は一体何を考えているのかわからないと悩む必要はありません。

そして高い、平和な波動は、好運という姿でもってあなたの前に現れます。

運というのは「犬も歩けば棒に当たる」といった具合にあるものではないのです。**好運とは高い波動の状態で、それは常に宇宙に偏在していて、あなたがそれに同調できるアンテナを持っているかどうかで、あなたを訪れる運が決まります。**

ですからラッキーな人はいつもラッキーで、不運な人はいつも不運なのです。世の中不公平といいますが、**宇宙はたいへん公平にできています。不運な人はこのメカニズムを知らないだけです。**

宇宙とまずつながり、仲良くしないと、好運はやってきません。

トラブルを自分の外に押しつけているかぎり、人は宇宙から切り離され、その豊かさを味わうことはありません。自我も必要ですが、それ以上に私たちは世界とつながっている地下水脈を見つけ、本来あるべきバランスを取り戻さなければなりません。**一人でも多くの人がそれを見つければ、それだけ地球や宇宙が平和になります。**

魂の問題は、ですから何にもまして、重要なことなのです。

昔からのしきたりという形の宗教儀礼さえこなしていればよいというのでなく、このような**魂の波動を大事にしながら、人間、社会、地球全体のバランスを感じつつ生きるということが、宗教的に生きる、ということです。**

特定の宗派に属するというのは、基本的にいえばどうでも良いことなのです。そして人は無意識のうちに、自分に欠けたものを補うべく生きていきます。

それがすべての人の意志であり、また宇宙の意志といえましょう。

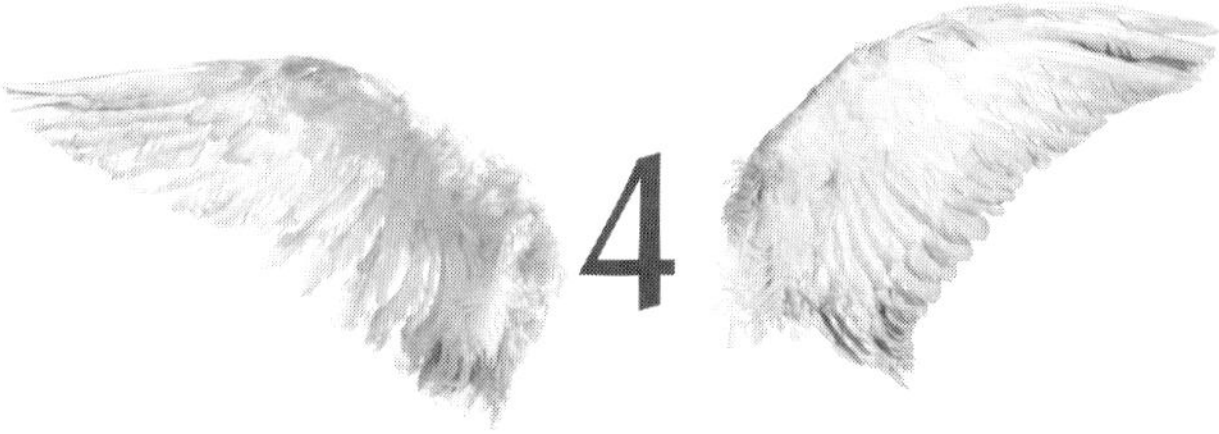

4

「宇宙の高いエネルギー」と共鳴しよう

宇宙とつながる受信機の使い方

宇宙が願いをかなえてくれます

私はこれからの**生き方の基本となる考え方は、磁場エネルギー**というものだと思っています。宇宙がさまざまなエネルギーの振動で成り立っていることは、物理学では常識になっていますが、それが実際のところ私たちにどういう意味があるのかは、あまり説明されていません。

ニュートンのリンゴから、引力といったことは知られていますが、私たちが強い磁場エネルギーの中で暮らしていることが、どういう制限や特色を持っているかの知識を、われわれは持っていないのです。

また私たちは地球上はどこでも磁場エネルギーは均一なのだと信じていますが、これも大いなる幻想に過ぎません。

この磁場の濃淡はあらゆる処に在り、エネルギー・スポットと呼ばれる高いエネルギーの集中した所から、誰でもが不気味な感じを受けるマイナスのエネルギー・スポットまであります。

人間の体も同様でその人の魂の波長が基本の磁場を決めますが、エネルギーの分布は均質ではありません。

チャクラと呼ばれるエネルギー・スポットやオゾンホールのように穴のあいている虚のところがあります。虚を衝く、という言葉もありますが、ヒーリングの際にはここからエネルギーを入れると効果が速いのです。

さて普通私たちが「あの人はパワーがある」という場合、たいていは車のタンクにガソリンがたくさんあるといったイメージで言っているのであって、高いエネルギーの磁場を持っているという見方ではありません。

ところがどのように考えても、私たちは宇宙のエネルギーの中で過ごしているのであって、磁場のルールは厳然としてあるわけで、私たちはただ気がつかないだけなのです。

私たちは今の時代のものの見方にあまり足を取られてしまって、本当のルールが目の前にあってもわからないし、受け入れようとしないのです。

たとえば努力して、人に勝てば成功して幸せになるという考えがそれです。

ですから人の足を引っ張ってでも、がむしゃらに前へ出ようとします。ところが必ずしも結果が良いとは限りません。

なぜなのでしょうか。努力が足りなかったのでしょうか。努力と成功がリンクしていないのは、努力する人がいるエネルギーの磁場の質なのです。

運というのは、摩訶不思議なものではなく、ある高い場のエネルギーの状態なのです。

もしその人がその場のエネルギー、波長と同調していなければ、その人に運は巡っ

てきません。どんなに努力しても、運が悪くて失敗します。

高い場のエネルギーに同調している人は、たまたまの好運が幸いして成功することが多々あります。これは一体どうしてなのでしょうか。またどうしたら好運に恵まれるようになるのでしょうか。そして、

自分のエネルギーを高くするのはどうしたらよいのでしょう。

自我の強い人は、自意識という枠でエネルギーの入る枠を狭めてしまうので、なかなか自分が望んでいるほどの成功には恵まれません、

運と意志は仲良しではないのです。自分のことばかりに頭が回る人は、そうなるほど好運から遠ざかります。ですから近代人であるほど幸せから遠のいてしまうのです。

ここで少し私に見えてきたものを話してみたいと思います。

高い磁場のエネルギー、それはよく天のエネルギーとニューエイジの考え方では呼ばれていますが、光に近いものであるのは古今の宗教でもいっているとおりです。

私たちは誰でも心の中に光を持っていますので、必ず高い磁場とコンタクトできるのです。

ただそれがうまく表現できないためにいろいろ悩むのです。

その障壁となっているのが自我で、これが強いほど見つけるのが難しくなります。

近代文明はこの自我の発達した人をよしとしましたので、そのライフスタイルである努力や意志、知性にもとづくイメージが主流となり、今の世の中が出来上がりました。

けれどもこの考え方でいくと、**魂の光と呼応できる高いエネルギーに触れにくくなってしまいます。**

その状態が長く続くと、何となく生気が無くなって、自分が何のために生きているのかわからなくなってしまいます。

心の中から湧き起こってくる力も、井戸にきつい蓋がされているようなもので、意識の表面に浮かぶことがありません。何かむしゃくしゃした気分がするだけです。エネルギーの状態からいえば、半病人のようなものです。

では高いエネルギーを見つけるのはどうしたらよいでしょうか。
子供にはファンタジー、大人にはヴィジョンがその導きとなります。

それもおしきせではだめで、その人の持って生まれた磁場、あるいは波長にあうものでなければなりません。**誰でもが生まれてきた意味、前世でやりのこした宿題を背負っていますから、それがその人の今生の仕事になります。**自分の心の発信するものだけを頼りにするなら、それを見つけるのはそう難しくありません。

ところが外の情報や基準に自分をあわせてしまうと、明日見つかるはずのものが十年くらい先に延びてしまうことがあります。その十年間は心をなだめ、意志と努力の年月ですが、はっきりいって無駄な年月です。幸せはその間遠のくのです。

なぜこういうことが起こるかというと、**リスクを避け安全を取るからです。**自分の魂を信じず（つまり自信がない）、形の無事を取るからです。

エネルギーの世界でいうと、形や肉体、つまり目に見える世界は重たくいろいろな制限があります。振動数も低く、磁場的には低い位置を占めています。私たちは瞬時にして、世界の裏側に行くことはできません。

移動の自由は植物よりありますが、隣の部屋に行くのにも壁をすり抜けていくことはできません。ところが音波はそれができます。ですから、声を使って隣の部屋に話を伝えます。私たちは能力の一部の中に、肉体の制限を超えるものを持っています。けれども声もその届く範囲は限られています。

この世界に判断の基準のすべてを置くということは、低いレベルの磁場で生きていくことになります。形にこだわり、人と微細な差異に一喜一憂する人で、ブランド品のバーゲンに群がっている人の中に多く見られます。

ところが目に見える安全に留まることは、魂の成長という面から見ると、たいへん危機なのです。一日一日じわりじわりとその命を殺しているのですから。現状維持はじり貧なのです。**魂の光と力を信じることができる人は、天啓といったものをキャッチできますから、**本当に困ったときはなんとかなると思っています。

光という高いエネルギーは、善ということと同じですし、好運の別の言葉といってよいでしょう。

自分を運が良いと思っている人は、自分の内部の光を掘り当てている人ですから、結果として明るい印象を人に与えます。魂の光が肉体の外に漏れ出ているからです。

魂の光の波長はたいへん速く、時間空間の制限を超えます。ただの光であっても、あっという間に地球の裏側に届きます。インターネット、Eメール、国際電話、衛星放送を見ればそれは実感できます。

心の波長の高さはさらにそれを上回ります。私たちはイメージの世界で自由自在にそれを行っています。

楽しく素晴らしいことを考えているとき、

私たちは高い波長を発信しているのです。

その時私たちの磁場は、宇宙にある高い磁場とも同調しています。

ですから、楽しいことばかり考えていると、心は次第にそれ一色となり自分の周りに似たようなことが起きてきます。

ただ私たちの多くが、イメージは宇宙とつながっていることを知らず、想いというものを軽くみているところに問題があります。

想うことと行動することは実現に向けて同じくらいの価値があります。

強く想い続けると、ブーメランのようにエネルギーが返ってきて、願いがかなうのです。

天与というのは、いつも偶然という衣を着ていますから、私たちにはピンとこないのです。

私たちの使命は心の光を輝かせることです

私たちは自分の人生の転換点を考えると、ある種の流れを感じずにはいられません。もし初めからはっきりと自分の人生の通奏低音ともいうべきテーマを感じとっている人なら、**それに想いを託しながら生きていれば、物事は自然にその方向へ流れていきます**。自分のこだわり以外は目に入らず、他のものは無駄ということがよくわかりますから、目標は早く見えてきます。

ところがそういう想いを大事にせず、世間の風潮に足を取られていると、心は外に散じ、まるで線香花火のように弱い電波がパチパチいうだけです。

偶然という形で宇宙が送ってくれる信号も、その象徴する意味も、

まったくキャッチされずに終わってしまいます。

私たちは自分の内側に入り、ほこりを被った発信機を手入れしなければなりません。

高い磁場、波長というのは、俗にいえばきわめて宗教的な世界です。

いろいろな宗教がいろいろな教義を述べていますが、どれも**宇宙の高いエネルギーとどのように結び合えるか**を説いたものです。

そしてエゴというのが、その障壁になることもさまざまな言葉で示しています。

知は罪であるキリスト教、利己を捨て利他を説く仏教。そして確かに私が私がと自分第一に考える人より、さらに広い視野を持って行動できる人のほうが結果的に幸せに恵まれます。

幸せは常に計算外のところでもたらされるのです。

計算や意図、それはすべて自分の得になるためのものですが、それに走ると思惑外のところで損をするのです。それは明らかに心の磁場の違いです。

何度も言いますが、知性と道徳、あるいは倫理性とは反比例した関係にあります。知性は物を分け隔てていく働きを持っていますから、知性が発達すればするほど要領はいいけど、全体性を感じられず、他とつながれなくなってしまいます。**理解しても、感じとれない人となってしまうのです。**

最近は宗教団体が経営する学校ですら、学歴競争に参加し、知的訓練を激しく行う進学塾もどきの学校もあります。子供たちが知的になればなるほど宗教的感性を喪失していくことを知っているのか、疑問に思います。知性と宗教性は相反する性質のものなのです。

私たちは宇宙の高い波長とまったく同じレベルの光明を心の中に持っているのですから、それを曇りなく光らせていくのが今生の使命なのです。

この波長に触れるようになると、努力とか意志といった言葉はまことに無意味なも

のになります。というのは、

自分の進むべき道は自然に目の前に見えてくるからです。

心で強く願ったことはすべて実現してしまいます。心は平和で、自分の関わったことがすべて予想外に良いほうへ発展してしまいます。

それこそが倫理的な生き方といえましょう。そんないいことずくめがあるものかという人は、そういうエネルギーの場を知らない人です。

波長が高くなってくると、私たちの時間感覚もまた違ってきます。近代の時間は意味を失うのです。私たちはふつう未来に目標を持って生きることを良しとしていますから、それに到達するように歩いていくというイメージを持って生活しています。

一年後の大学入学、四年後のオリンピック、十年後の重役の椅子、経済五カ年計画、などです。

つまり自分の外にゴールがあってそこへ歩いていくといった、いわば山登りスタイルです。山なら頂があり、頑張れば誰でも到達しますが、私たちの目標はそうとは限りません。競争が激しいほど不安になります。

そこまでのプロセスが楽しくて、目標はその結果にすぎないのならよいのですが、プロセスが苦労だけとなると、プレッシャーばかりで、

不安という低いエネルギーを抱えつつ私達は自分の外にある未来へ歩いていきます。

つまり重荷は二倍になるのです。

一方、エネルギーレベルが高くなって心が安定してくると、山登りでなく、波乗り型の生き方にとって代わります。物事はちょうど波のように外からやってきて、私達はそれが現れるたびにひょいひょいとバランスを取って乗り切るという具合です。

延々と果てしなく続く道を陽炎のような目標を追って歩く人生でなく、私達の周囲に波が押し寄せて去っていくようなものです。

私達がすべきことは自分の心を平和に保つことなのです。

時間は岸辺を洗う波のようなもので、西洋的な時の感覚は姿を消します。

大切なのは今で、そのエネルギーの高さと質なのです。

外側の形ではなく、内側の気持ち、見えないエネルギーの質こそが優先順位の一番先にやってきます。到達基準としての目標は消え、結果は自分の内質の反映であり、またギフトになります。

たとえば大学に入る場合、自分のこだわりをはぐくんだ毎日の生活の結果ですので、ただむやみに勉強のノルマをこなして、どこでもいいから入ったというのと違ってきます。大学に入って、さて何をしたらよいかわからないという人がいますが、**それは今まで心の欲求に従って生きてこなかった**という事に過ぎません。

心が熟している人は、何をやっても自然です。不思議なことに**気持ちが満ちて準備ができると、それにふさわしい人や出来事が現れるのです。**それをありがたく受け取ればよいのです。

まさしく人生はギフトなのです。

エネルギーが高い、すなわち心が素晴らしいことを受け入れる状態まで開かれていると、それなりの波が訪れてきます。

やってきたものを心の底から感謝をもって味わえばよいのです。

これは受け身な考え方と思う人もいるかもしれません。**けれども私たちが幸福を願って生きるのであれば、心が明るく清らかなエネルギーで満たされた状態こそが目標なのではないでしょうか。**

宇宙と相談すると
良き偶然という返答があります

前著で私が「トータル・バランス」と呼んだ魂と体と心の調和は、高い磁場に共鳴するための条件でした。

これは、常に変化し動く環境の中でのバランスですから、ダイナミックな中での均衡です。中心が感じ取れてないと難しいですね。内的平和がくずれないのは、もっとも基本的なものに感謝することから始まります。すべての宗教が感謝を説くのは、**受信機の感度をより幅広くし、善きものをキャッチしやすくするためです。**

私たちはよきエネルギーの助けを借りながら、
この世で解決しなければならない自分の宿題を解いていくのです。

自分のこだわりを消していくのです。

前にも書きましたが、もしあなたに、いろいろな苦労が降りかかっているのなら、それは自分が招いたものだと思ってください。そう思ったとき初めてあなたはリスクを自分の手にし、それと正面から向き合うことになります。**その責任感があって初めて心の中から力が湧き、その思いが天に届くのです。**

ちょうどサーフィンの板に一人で乗っている感覚です。地球の自転も自分の責任という感じになれる人は、宇宙との一体感がとても強い人です。

「冗談でしょう、そんなこと！」といっている人は、自分の面倒をどのくらいみている人か怪しいものです。

好運の人はたいへん稀です。高い波長の人は、自分より波長の低い人から助けてもらうことはできません。ちょうど水が高いところから、低いところへ流れても、その逆はありえないのと同様です。世間的な基準は通用しません。

もしあなたが、兄弟の中で一番下で、金銭的にも他の兄弟よりも貧しくても、エネルギーが高ければ家族のもめごとや困ったこと、親の面倒などはみんなあなたのところにやってきます。世間的な感覚で、不公平だと思ってはなりません。

霊性を含めたそれは能力の差なのです。

そして兄弟をあてにしないで、宇宙をあてにしてください。


宇宙と相談して、それが示す道を進むのです。

それができれば、宇宙は好運や良き偶然をあなたに送ってくれます。


間違っても自分より波長の低い人をあてにしてはなりません。その人たちの無能力を批判してはいけません。

師や自分の上司はできるのなら自分よりエネルギーの高い人を選んでください。

会社などで、もし自分より磁場のレベルの低い人に当たってしまったら、それも自分の何かに原因があったと思ってください。


そんな人でも必ず学ぶものがあります。

けれども決して昇進や指導を期待してはいけません。あなたがどんなにポジションが下であっても、彼を助ける役になります。結果的に物事がそう流れてしまいます。**そして自分の面倒は自分で見なければならないと覚悟してください。**

そして自分のエネルギーが高まり、その差が非常に大きくなっていき、上司のエネルギーとの違和感が強くなると、自然と新しい展開が起こります。あなたはそれにふさわしい場へとつながっていきます。

もしあなたが上司を批判したり、闘ったり、落ち込んだりしていれば、あなたは低い波長に引きずられ、やがては同じ穴のむじなです。

磁場、住む世界が違うのだということを感じとり、自分のどこかにその人と巡り会わなければならなかった必然性があるのかを突き止めてください。

あなたが好ましくない人と縁があるのは、
その人の磁場に呼応するものがあなたの中にあるからです。

いろいろな人がいてもまったく平気な人は、その人のエネルギーが高くそういう低さに左右されないからです。そういう人には人を救うという別の使命が与えられてきます。高い磁場にいる人は、どういうわけかトラブルのほうが避けて通るようです。

トラブルというのは、乱気流のようなもので状況が変化する時に起こりますし、心のエネルギーの乱れが招来することもあります。ですから平和なエネルギーとは相容れませんので、どちらも自然に避けあいます。一種の棲み分けです。

いつも善きことを想っていれば、その高いエネルギーにあなたは満たされ、同じようなレベルのものと縁がつながっていきます。

あなたがさらに高い波長と出会う機会があったとしたら、その出会いを感謝しつつそれによりかからず、そのようなレベルになるべく、その人の生き方を学んだらよいのです。

「寄らば大樹の蔭」ならぬ「寄らば好運の蔭」といったように、ラッキーな人のそば

4

「宇宙の高いエネルギー」と共鳴しよう

でそのおこぼれをちょうだいして好しとしている、そんな横着をしていれば、「トラの威を借る狐」にすぎません。

魂の活力といったものは、我に返っている時にしか育てることができません。競争といった、他人や外のことに目を奪われていたら、あなたの内なる欲求はあなたにも聞こえてきません。

ですから競争という原理を自分の生活の信条にしてはならないのです。

いわんや「バスに乗り遅れるな」などという発想は噴飯ものです。

自分の心を充実させ、その上で情報を利用するなら、あなたは自分の人生の課題を果たすことができます。

何か始める時、すぐにどこかの学校に行きたがる人がいます。世の中には体操教室、音楽、学習塾、英会話、さまざまな学校が流行っています。そこに行けば確かにものを教えてくれます。けれども独学で学んできた人にはかないません。

あなたが何かをする時、友達を誘ったか一人でやり始めたか、周囲の反対を押し切ってやったか、それによってあなたの心の活力が推し量れます。

あなたは後にいくほど大変だと思うかもしれません。

けれども本当は逆です。みんなが良い、あるいは賛成しているものをやっていくほうが実は大変なのです。

期待はプレッシャーとなり、自分のペースを失います。

みんなが味方しているようですが、実は勝手な思惑で、あなたに干渉します。ひいきの引き倒しのようなものです。

ところが周囲の反対を押し切ってやる時、誰もあなたを援助しません。誰も何もいませんから、**あなたは自分をフルに発揮して、宇宙と相談するしかないのです。あなたの気持ちと情熱だけが頼りです。**

しかしあなたに与えられるのは、自由です。自分の感じたとおりに物事が展開できることで得られる自分への信頼、

宇宙との対話によってあなたの磁場は、だんだん高くなり、目標に近づきます。

宇宙と自分の対話、あるいは魂との対話を豊かにすることがあなたのこの人生の課題ですし、あなたの自信を深めます。

宇宙と自分のつながりを感じられる者の自信、自分はこういう生き方で良いのだという納得感、それは単なるエリート意識とは異なります。エリート意識とは比較の上に成り立った意識ですが、宇宙とのつながりの中で得た高い磁場はそのような競争原理によって成り立つものではありません。

その自信は他人を批判せず、威圧せず、自然でなおかつ圧倒的な存在感を持っています。好運の人に抱く人々の畏れは、そこに宗教的な何かを感じるからです。

平和のエネルギーのなかに自分を置きましょう

私たちはさまざまな磁場に取り巻かれて生きています。所変われば、時間感覚も場所感覚も変わります。歴史的に戦乱が続いた国はその場所のエネルギーも低くなっています。そのような中で、平和と高い磁場を保つのは何倍もの努力がいります。

ある時私は、アメリカのニューイングランドを家族や友達と旅行していました。車がバーモント州に入ると間もなく、私のエネルギーが突然下がり始めました。急に元気がなくなり、同時に睡魔が襲ってきました。

たまたま車の中に流れているラジオ番組に出ている人の声の波長がとてつもなく低いのでした。私は耐えられず、そのカーラジオを切ってもらいました。私たちは目的の美術館の見学を果たすとそうそうに町を出ました。

そしてしばらくして、私のエネルギーは元に戻り、睡魔も去りました。後でその場が独立戦争の時の有名な古戦場で、多くの虐殺が行われたこと、美術館の裏がその墓所となっていることを知りました。

このような惨劇の後の場で、エネルギーの低い場所はさまざまな所にあります。睡魔が襲ってもたまたま私は眠らなかったので、その低いエネルギーを取り入れることなくすみました。**睡眠中は自我がゆるみますから、エネルギーの低い場所で眠ることは警戒しなければならないのです。**

私たちはいま平和な日本に暮らしています。その場のエネルギーを大切にして、戦争や飢餓や貧困にあえぐ人たちを助ける必要があります。

もしそうしなければ、**この平和の場はたまり水が腐るようになってしまいます。**

高きにあるものは、低い方へその力を分け与えねばならないのです。

エネルギーもまたバランスを取るために動いています。平和の中にいながら、魂の活力を見つけられないとしたら、高い場はそこを去っていくしかありません。平和は退屈とは異なるものです。

磁場というのは、それが独立してあるのではなく、その境目は曖昧で入り交じっています。高い場に入るといっても、トンネルの向こうは雪国といったような変容はありません。

物事を前向きにやっていれば、次第に予兆といったものがちらほら現れ、次第にそれらしい流れになっていくのです。

勘のいい人は、数少ない兆しの中に来るべきものの姿を的確にとらえます。またその磁場の違いを肌で感じます。流れの音が聞こえる場合もあります。

そうなってくると、次々に示されるものを謹んで受けとるという気持ちにならざるをえません。

私達のまず第一歩は、魂の活力、真の光明を見つけるため
心を善きイメージと想いで満たし、
肉体もまたその細胞をできるだけクリアに保ち、
その結果得られる平和のエネルギーの中に自分を置くことです。

そうすることで、今生の課題をより良い方向で解決できます。それによってさらに良い後生が導き出されることになると思いますが、そのためにという意図ではなく、やはりその過程の楽しさを味わうことのほうが大事です。

またその磁場を創り出し、維持するように心を磨き、そのことが他の悩みを持つ人を救い、またその人たちの目標となればよいのです。私たちは自分の周りとのバランスを取って平和な生活をするのと同時に、前世から後生からという流れの中でバランスを回復し、平和の道を歩んで行くのです。

夢こそ魂のお薬です

エネルギー・ワークの中で私がいちばん重きを置くのは、心の中の夢です。今起こっている問題は影のようなもので、それに気をとられると本質を見誤ります。トラブルの基本に魂の活力の低下があるとしたら、

それを活性化するのは
その人の夢にその答えを見いだすしかないからです。

そこに触れると人は我に返り、心の方向がシフトします。

その夢こそ、その人が生まれてきた本当の理由ですから、生きるはりあいを見つけることになり、元気になります。過去の思い出や挫折にとらわれて生きてきた人も、

未来を取り戻します。

多くの人は自分の夢は心に秘めておくものだと思っています。それは願いはかなえられないものだと思っているからです。口に出すと笑われるし、実現しなかったら恥ずかしいと思うからです。

ところが逆に、願いは口に出すほど実現するのです。

とても無理と思われる事でも、自信をもってそう思えば、難なく実現します。また自信があるから口に出せるのでしょうが――。でも順序からいって、表現するほど実現が近づきます。

もしこれが信じられない人は、小さな望みから始めてみてください。

口で言うのが恥ずかしければ、絵に描いたり、字に書いたりしてみましょう。

毎日見てそれがかなったところを想像してみましょう。

そしてある日、いくつかの偶然が重なって、それが本当に実現することに気が付くはずです。まさかと疑わなければそうなります。

私は以前カナダで生活していた時、ある人の家で小さな回転式の本棚を見て恋におちました。日本に帰ってからいろいろな家具屋や骨董店で探しましたが、そのようなものは誰も知りませんでした。

それから数年が経ち、いつかは見つかるだろうという気持ちを持ちながら、ある日それとは別の品物を探していた夫に付き合って初めて入る骨董屋に行きました。夫の気に入ったものはその店にはありませんでした。

ついでですから、店内をぶらぶら歩いていましたら、「ちょっと、ちょっと」と誰かに呼びかけられた気配がしたので、後ろを振り向くと、そこに本棚があったのです。そして値段もまさにちょうど無理なく買える値段でした。即座に購入したのは言うまでもありません。

「あー、このために今日の買い物はあったのだ」と納得したのです。

話はそれだけでは終わりませんでした。

その日は夕方に、ニューヨークから友達が来て我が家で食事をする予定になっていました。駅まで迎えに行った私に、「とうとう見つけたわよ」と、その友達が写真を見せてくれました。その写真はアメリカの家具のカタログで、そこには今朝見つけた本棚と寸分違わない新品の本棚が載っていたのです。

あなたもこのような偶然をいくつか経験したことがあると思います。それにしても、薄暗い店内で、一体誰が呼びかけたのでしょうか。ほかに誰も客はなく、呼びかけがなければきっと見逃していたはずです。

そしてこのような偶然の一致は私の周囲でたくさん起こるようになりました。それらに遭遇するたびに、目に見えない流れの存在を感じとるようになっていったのです。私が気がつかないでいる時は、何者かが私の背中を押してそうなるように促しました。

私は十数年前病気をしたのがきっかけで、転居したのですが、その時も娘の幼稚園のお迎えまでに時間があったので、駅前のベンチに腰をかけて休んでいました。見るともなく付近を見ていると、一軒の不動産屋が目に入りました。

木に囲まれた緑の中で古い家でいいから、ほっとして過ごしたいと思ってから数ヶ月は経っていました。それは私の強い想いでしたが、特に転居する必要性は無く、私は誰にも話しませんでした。

その不動産屋が目に入った途端、誰かが私の背中を押しました。それで思わず立ち上がり、その店の前まで歩いて行きました。もちろん私は何度かためらいましたが、その都度、私はよく分からないものに促され、店の中に入りました。

「これこれの値段で、このへんにこのくらいの家はありませんか」と尋ねると、「ありませんね」という答えが即座に返ってきました。

そこは都内でも最高級の住宅地で、私の思うような条件のものなど常識では考えられませんでした。けれどもとにかく申込書を書いているうちに、店の奥にいた主人が「そういえば、Ｉさんの家はどうかな」と思い出したように言い出したのです。

それから二週間後、私はその家に住んでいました。そこは丘の上で広々とした一〇〇〇坪近い大家さんの庭園と素晴らしい夜景がのぞめる、都心とは思えぬ静かな場所でした。

その後この家に移った後で、びっくりするようなご縁が数々判明したのですが、細かい話はさておき、私をそうせざるをえない方向へ導く見えざる声や手は一体何なのでしょうか。

この頃は私もこういうことの感触にすっかり慣れましたので、想いや願いをすぐにそちらに、見えないメモを渡すように預けてしまうようになりましたが、これは私だけでなく、誰でもがそうできるのだと思います。

あなたの周囲をちょっと振り返って見てください。そこに何か見つかるはずです。**心が育ってくると自分の強い想いというのがよくわかってきます**。それが迷いのないほど純粋で強ければ、それは闇夜を照らす松明《たいまつ》のようなものです。

実現しようとする意志を持ってそのエネルギーを天に放つと、
かならずやそれに対応するものが現れます。

要はそのような願いが見つけられるかどうかと、そのような心のエネルギーと宇宙の関係を信じられるかということです。

もしあなたが自分の周囲で起こった出来事に浅からぬ縁を感じる事があれば、それがどのようにして起こったのかをよく思い出してみましょう。出来事の発生の仕方がわかってきます。普通、人にはその人が解決できるくらいのことしか、立ち現れてこないのですから。

私は買い物メモのように、
自分の願いを記したメモを宇宙に渡してあります。

それらが実現することを疑っていませんから、そうなった暁のことをどんどん決めています。

でもそのような気持ちになるまでは、ずいぶんと「そんなことはあるはずがない」と思ってきました。ですから、スタート地点にいる人の気持ちもよくわかります。

でも想ったことは結局実現してしまいます。

ですから心を常に良き想いで満たしておくことが大事です。

批判や怒りや悲しみを一瞬でも抱くことはよくありません。善は急げ、思い当たることがありましたら今この瞬間から始めてください。

まず夢でもいいから、幼いときからしてみたかったこと、あるいは興味のあることを書いてみましょう。ピアノを習いたい人は、ピアノを習っているところを想像してみましょう。

この年で恥ずかしいな、などと思わないことです。海外旅行でも田舎に帰っているところでもよいです。今は不可能な状況でもいいですから、想ってみましょう。

そして幸せな気分に浸ります。

夢の種ができます。暇があるときに、それをふくらまします。そしてだんだん育てます。

現象にはまだ現れませんが、しばらくすると「たまたま」それについての兆しが現れます。本を見つけたとか、新聞記事で読んだとか。それを心に入れます。

または夢につながるものを買ったり、夢用の袋などに記事を取っておきます。**何でも心に引っかかったものは集めます。そうやっているとだんだん現実が近づいて来ます。**

夢をみる力というのは、心の能力です。

目に見えない世界の作業ですから、ついないがしろにされます。しかしこれこそが、まずなくてはならないものです。知性が育つ前の幼児期は、特に大切です。分別がないことが大事なのです。

心のエネルギーは、世間的な基準を越えるものです。子供の頃、どんな人とでも仲良くなれたのに、大人になるほどそれができなくなります。知性という分別のためです。それが増えるほど、リスクは減り、心の力は萎えます。

空しさとは、心のエネルギーが空になることです。

形が整うほど心おどる自由さは無くなり、生活がパターン化するほど失われます。**夢とは形を生み出そうとする力**なのです。逆は真ではありません。

夢と現実の世界のバランスを取るというのが、生きる知恵になります。自分の生活の中にリスクがあることは良いことですから、それを探してみてください。

5

願いをかなえる「宇宙の力」の使い方

暮らしの中でのエネルギー・ワーク

「今」という時間の波に乗る

暮らしというのは、何気ない無意識の集積です。

それだけに、あなたの本質そのものなのです。あなたのクオリティを高める、生活の知恵を書いてみました。**キーワードは、「丁寧な暮らし」です。**

生活の全ての動作を今やっている事に心を込めます。何かをやっている時は、その事だけを考えます。

歯を磨く時は、歯の事だけに意識を集中します。

玄関を出る時に、駅で電車に乗る事を考えずに、まず靴を履くことに心を向けます。

食べる時は、テレビを見ずに、食べ物を味わいます。

この一つ一つの生活での丁寧な動作は、自分を大切に扱う事なのです。

これが身に付くと、あなたの身ごなしは美しくなり、さらに居るだけで存在感を人に与えるようになっていきます。その何気ない動作に、人は好意を寄せるようになります。美しさと安心が相手の心にうまれるのです。

中に向かってエネルギーが流れている人は、がさつではなく、うるさくないので、どんな所でも受け入れられます。

その場の空気を、整えてくれるので、歓迎されます。

歩く時は、踵《かかと》から着地しましょう。**呼吸に合わせて、ゆったり歩くと、歩くだけ心もゆるみます。そうするとひらめきがやって来ます。**

駅までの道も、きれいな花に目が行き、花たちからエネルギーをもらえます。

これをやっていると、心がいつも自分の中心に在るようになります。そうするとどんな状況でも、判断がぶれなくなります。

人と会っても、そのままの呼吸とリズムでいると、相手がゆるみ、話も通りやすくなります。そういう効果もありますが、そのためではなく、動作している事が心地よくなるので、自分の気分が良いというのが、大事な所です。

そしてさらなる付帯効果が、**「流れが読めてくる」「流れが見えてくる」という事なのです。**

そんな悠長な事をしていたら、電車に乗り遅れるという心配はありません。朝寝坊のあなたには、無理というなら、初めはお茶を飲む時など、ほっとしている時から始めましょう。

そのうち、自然と電車に乗り遅れなくなります。

タイミングをはずさなくなります。

人と会う時間に遅れなくなります。仕事の按配、スケジュールの決め方、それはすべてに及んでいきます。そしてついにあなたも「晴れ女」です。

皆があなたの思う時間で動くようになります。それは、あなたに都合を合わせると、みんなにもそれが一番良いという事になるからです。

ここまで、何気なくできるようになるために、歯磨きの一歩があるのです。

エネルギー・ワークは、だから面白いのです。

段々と自分の時間を取り戻す事ができるようになります。

呼吸と時間が合うようになります。

それが人生のすべてに及んで行く事、**宇宙の流れに反しないで生きる事へとつながる事が、エネルギー・ワークの道筋です。**

日用品はエネルギーの高いものを使いましょう

これは必ずしも高価なものが良いとは限りません。どんなに高いものでも、それを作った人のエネルギーが低いものは、性が悪いのです。

質が良いというのは、材料もそうですが、そこにあるエネルギーが高いもののことをいいます。

そして不思議なことに、**買う人のエネルギーのレベルに応じたものが、集まってきます**。贅沢品を買っても、必ずしも質が高いということとは一致しません。

私はある時、お土産に観音様の拓本を貰ったのですが、一目見てそれを彫った人のエネルギーが低いのを感じました。何となくとげのようなものがそこから出てくる気がしたのです。それで捨ててしまいました。

観音様だから必ずしもありがたいとは限らないのです。そしてそれを持ってきた人も、いろいろな事故や怪我が絶えない人でした。

もしあなたが持っている物が、どんなエネルギーか自信がない場合、そこに至る経緯を思い浮かべてください。また、その頃の自分の状態を考えてみてください。あまり思わしくなくて、どうかな、と思う物でこれからも手元に置いておきたいものの場合、**しばらくそれを日に干してください。二、三日で結構です。**

通夜やお葬式などで使った服や数珠なども、翌日日に干しておくとよいことはいうまでもありません。

もっとも処分できるものは、
ためらわず処分したほうがよいのです。

心の容量がありますので、過去を減らせば、必ずその分だけ未来がやってくるからです。あまりに古いものをごたごた取っておく人は、心の中でもそれから抜けられないことを象徴しているようなものです。良い思い出は大事ですが、ここでもバランス感覚が必要です。

また自分に不相応に高いものなどがあると、大事にするあまり箱にしまいこんだり、そのものの維持のためにだけ自分があるような、いってみれば本末転倒のような生活をする人もいます。これもまた愚かなことです。

やはり良いものも使わなければ意味がありません。

大枚をはたいたにせよ、また何かの縁で自分のところに来たものにせよ、**性の良いエネルギーの高いものはできるだけ生活の表舞台に登場させたほうが良いのです。**それに触れる事で、それの持つエネルギーに馴染み、その分あなたもそのエネルギーに近づきます。

自分のエネルギーがよくわかってくると、物の持つ質もよくわかるようになります。

骨董屋などのような店も、まったくその主人のエネルギーによって、入っている商品のエネルギーが違ってしまうので、面白いものです。

ですから、できるだけ白い感じの人のいる店で買うことです。

絶対に入れないような店もあります。通りを車で通っているだけで感じます。

食べ物なども、農薬を使わないで自分で手塩にかけて育てたものは、食べると地の精といったものを感じます。まさに命をいただいているという心地です。

なるべく全体を損なわない全体食を心がけます。

食べる時は、「これで命を養ってもらっているのだ」という感謝の気持ちをお皿の食べ物に投げかける。

これも大事なエネルギー・ワークです。

体もあなたの大事なお客様です。

使わせていただいているという感じで、扱いましょう。

長く歩いて疲れた時は、「明日が筋肉痛か。いやだな」と思わずに、「ご苦労様でした。明日もよろしく」とお風呂にはいりながら、挨拶しておきましょう。

挨拶があるとないでは、大違いというのは、外の人間関係だけではありません。


私は、トイレで出る物が出ると、「お腹さん、有難うございました」という癖があります。そしてお腹をくるりとなでます。

顔にも手にも頭にも、良く働いたらお礼を言いましょう。

お礼を言ったからと言って、顔が綺麗になるわけじゃないと考える人は、不機嫌な顔をして、いつも人に嫌がられているかもしれません。


着る物は、あなたの好みの表現ですが、きちんと着ましょう。

その服がきて欲しいように着る事です。スーツがカジュアルなジーンズと同じ着方では、泣きますね。服も「量より質」であるのは、食べ物と同じです。

質と量は、反比例するのが自然の法則ですから、あなたに無理のない所で満足のいく物を選びましょう。

服はデザイナーのメッセージを携えていますから、その服を着るという事は、自分もそのメッセージを了承したという事です。

流行やブランドで有名という事で、ただそれを持ったり着たりすると、身にそぐわなくて、疲れます。

頭で選ばない、迷ったらやめる、この法則が、ここでも生きてきます。

あなたの居場所を高いエネルギーで満たします

動作と持ち物が整っても、生活する場のエネルギーが低いと、なかなか心に弾みがつきません。

場を共有する家族、家の周囲の環境、家の形などは、少々難があっても取り替える事はできません。

それでも、**できる所から場を高めましょう**。

まずはお掃除。

この頃はお掃除力という本も流行っていますね。それを参考にしてみて下さい。

場のエネルギーは、「流れている」というのがポイントです。

空気の流れ、物の流れが滞ってはいけません。換気と整理整頓ですね。
溜まり水は腐るというのは、物理学上の事実です。
お掃除も埃を流すという事ですから、まめにしましょう。

飾り物は、自分の気に入ったものを置きます。人からもらったもので我慢をして置くのは、あなたのエネルギーを下げます。
一ヶ月も置けば、義理は果たせますから、「有難う」と言って、欲しい人にあげるか処分します。

家族と趣味が合わなければ、自分の物が置ける場を確保します。
植物や生花を飾ります。
家の周囲や庭に木を植えます。木は、鳥や虫にも場を与えますから、人間のためだけではない良い事をする事になります。

命のあるものを場の中に増やすと、
それだけ場は活性化します。

世話や手入れが必要になりますが、それをしてもあまりあるエネルギーをもらえます。

家具は、シックハウスにならないように、自然素材のものを使います。

言霊という音の力を利用する

何気なく使う言葉は、魂のエネルギーレベルの反映です。

思いは発せられ、音というエネルギーとなり、再び耳に帰ります。その言葉を聞き、あなたの心は確定します。

できるだけ美しい日本語を話しましょう。
言葉はあなたを形作ります。

良い言葉で話しかければ、良い対応が返ってきます。

ホテル、お店、レストラン、あなたを知らない所では、**言葉の品格が判断の全てになります。美しい言葉には、最上のサービスが与えられます。**

言葉の力は侮れません。

売り言葉に買い言葉、そのような場面では、相手より高いレベルの言葉とエネルギーで返しましょう。結果は、あなたを護ります。

悪口やネガティブな言葉を発する事で、共鳴を得られる事はありません。

テレビを部屋でつけっぱなしにする事はやめましょう。番組に登場する人たちは必ずしもエネルギーの高い人ばかりではありません。それがあなたの場を汚染します。

ニュースは、戦争や事故、事件の報告が多いですから、何度も見るのは考えものです。社会の出来事を知っているのは必要ですが、自分とは関係の無い悲惨な現場や悲しむ人の映像を野次馬気分で見る事はありません。

事故や事件の映像の特集や暴力や戦いをテーマにした映画や娯楽を楽しむと、その分あなたの無意識のイメージの世界は確実にレベルダウンします。

その量が増えると、あなたもそのような事に遭遇するチャンスが増えるのです。そのような世界に引き寄せられます。

すべては、類は友を呼ぶのです。

人の批評も同じです。**ある人にマイナスのエネルギーを送るという事は、自分の心の向け先が下方に行く事です。**気がつくとあなたもその人と同じ位置に居る事になります。

無明の人が、あなたの隣近所に居る場合は、あなたがその人よりもすこしばかり見えている事に感謝し、その人の幸せを祈ってください。

後は棲み分けましょう。

その後エネルギーレベルでの棲み分けができれば、縁が交わる事はありません。
挨拶と良い言葉は、まめに発しましょう。

「有難う」を沢山言えた日は、一日が幸せの空気で満ちます。

これもエネルギー・ワークです。
はてさて、生活の中でのワークはきりがありません。

最後に、目をつぶり、「手を合わせる」という事をやってみましょう。

心が瞬時にまとまりますね。左と右に分散した体のエネルギーが中にまとまります。
心が鎮まります。

お祈りする時の動作というのは、何かを完結する時に使います。
またしっかり受け止める時に使います。

それがご馳走様の時もありますし、お祈りする時もそうですが、誰かと別れる時も使います。心の中で、きっちり「ありがとう」と言って終わらせます。

何かを確定する時に、使うエネルギー・ワークです。
大事な時には、やってみましょう。

楽観的な人ほど、タイミングがいい

たまたまというのは、別の言葉でいえばタイミングということです。この善し悪しは、まったくその人の心の波長を象徴しています。高くいい波に乗れる人と、どうしても損なまずい波に引っかかる人がいます。これは頭で考える問題ではないので、知的な人ほどたいていタイミングの取り方が悪いのです。

これは、一種の徳、霊的エネルギーの波長と関係します。**全体が感じられて、エゴが働かない人ほど、タイミングに恵まれます。**

運も実力のうちと言いますが、
運こそが実力だと言い換えたほうが本当です。

肯定的なエネルギーに満ちた人ほど、楽観的な人ほど、タイミングが良いのです。

うまくいけばますます楽観的になりますから、物事は良い方に発展します。

うまくいかないということはほとんどありません。


うまくいかない時は、自分の流れと違う、つまりご縁がないと思えばそれまでです。

もっと良いことに自分は縁があると思えばいいのです。そして実際そうなのです。


私たち家族はかなりその意味でタイミングが良い方なのです。

数年前、インドネシアのバリ島とボロブドゥールの仏跡を見物しに行きました。六月頃申し込んだら一杯で、たまたまこの日しか空いていないというので、いわれた日に出かけました。

ボロブドゥールに行きたくて選んだ旅で、本当は朝早く六時頃参拝するのがベストなのだそうです。そして日帰りではなく、ジョクジャカルタという古い都に泊まるのがよいと聞いていました。

けれどもその旅の予定はジョクジャカルタ泊はなく、日帰りでしかも見学は午後になっていました。


ところが行ってみると、仏跡へ行く日が現地の都合で帰国前日の日に変更になっていました。そして当日バリ島の空港に着くと、私たちの飛行機はエンジントラブルで、飛ばなくなってしまいました。

その前の便まで順調に飛んでいたのです。

その後、飛行機の繰り合わせがつかずすべての便が飛ばなくなってしまいました。二十人ほどの団体の他の人はみんなあきらめてキャンセルしました。

けれども私はあきらめませんでした。なぜかわからないのですが、私たちがいけないはずはないと感じたのです。


そこで現地の旅行社と交渉したのです。するとたまたま新しい飛行機がジャカルタから来て、最終便が飛ぶことがわかりました。

旅行社も責任を感じたのか、その晩ジョクジャカルタのホテルを取り、仏跡参拝ができるように取り計らってくれました。私たち四人はバリ島のホテルに主な荷物を残し、夜の便で飛び立ちました。

翌日の夕方には日本に帰らなければなりませんから、早朝六時にガイドがやってきました。そしてそのホテル代から、案内、食事に至るまですべて無料でした。私たちは理想どおりの参拝ができたのです。

この奇妙なハプニングを振り返ると、三つのことが私の心に浮かびます。

一つは予定に無かったにもかかわらず、私が申し込んだ六月の時点で早朝の参拝を強く心に描いて望んだこと。

第二に、飛行機がキャンセルされた時点で決して諦めなかったというより、だめだという感じがしなかったこと。

そして最後に旅行社との交渉で、勝手に日を替えた点を責めずに、とにかく前向きに可能性を探ることだけに終始したこと。

こうして私たちは最高のタイミングで朝の素晴らしい仏跡を参拝したのです。

今となれば、最悪のカードから最良の結果を引き出したこのエピソードは、私にいろいろなことを教えてくれます。

現象としては不可能だったのですが、気持ちとしては私たちは旅を計画した時点で、すでにそこへ行っていたのです。

単なる偶然といってしまえばそれまでですが、私はそういうことが起こる時のエネルギーの感覚をよく承知していますので、ただ事態がそのように進むに任せたのです。今まで私が強く想い、心に決めたことで実現しなかったことは何一つありませんでした。迷いが湧き起こったものだけが、実現しなかったのです。

迷いとは、それが本来の私の流れではないという信号なのです。

頭で想っても、タイミングが悪いものは、ご縁がないのです。

タイミングとは、あなたの未来を象徴します。

電話がかかってくるタイミングもそうです。ご飯中とか来客中とか大事な仕事をしている時とか、まずい時にかかってくる電話はその人との波長が合わないことが多いのです。

親しい友達の場合は、今波長が合ってない時期だと思ってください。そんな時に会う約束をしても、あまり実のある結果は出ません。ですから別の時期にします。

逆に良い場合は、どんぴしゃりです。相手が何をしているか目に見えないのだからわからなくて当然というのは、時空を超えたエネルギーのことをわからない人のいうことです。

できるだけ楽しい未来を想像しましょう

私はすべての現象は幻だと思っています。

ちょっと極端ですが、心の持ち方ですべて変わってくるからです。

ちょうどこちらのキーボードの操作次第で画面がまったく変わるコンピューターのようなものです。あなたが高い積極的なキーを押せば、画面はそうなっていくのです。

今たくさんの熟年夫婦が離婚で悩んでいます。私もいくつか相談に乗ったことがありますが、多くの人が心の使い方を間違えてというか、知らないのです。

もちろん別れたほうがよい場合もありますが、出会いの積み上げ方を知らないばかりに不幸をかこっているものもあります。

もしあなたが長年連れ添った亭主に不満があったとします。まあ今のところ別れる気はないけれど、でもうっとうしいし、年取ったらますます悪くなるに違いないと暗く思っているとします。

また自分は第二の人生を楽しみたいと思っているのに、何かと反対する場合もあります。

では、どうやったらこれを上向きに変えていけるでしょうか。

まず長い期間かけて、**次第にこうなったのは自分にも責任がある、いや大いに責任があると思ってください。**

次に自己批判はさておき、できるだけ楽しい未来を想像してください。

自分の都合だけでまったく構いません。好きなことをやり、それに全面的に協力している夫を想像してください。にこにこと食事を作って、あなたの帰りを待っている姿でも構いません。

そこまで一気にイメージするのに抵抗があるのなら、ぎりぎりこのへんまでなら無理がないというイメージでよいのです。

そしてこうなると心に決めるのです。

とにかく想いの強い方が勝ちですから、それを心に秘めます。そしてできる範囲で、ほんの些細なことでいいですから、そのイメージとともに生活します。

これはいってみれば感化です。**相手の心の中に自分のイメージを直接入れていくのです。**もしあなたが明るく楽しいエネルギーでそれを入れていけば、必ずやそれは伝わり、実現します。

それは心を操作することではなく、そのようにあなたの心を開いて呼びかけるのです。この人のせいで苦労ばっかりだったという気持ちがあるかもしれません。

でもそれは半分はあなたが蒔いた種なのです。割れ鍋にとじ蓋なのです。割れ鍋がもういやなら、自分が変わり、ついでにセットになっている蓋も良くしていけばよいのです。人は修復力がありますから、壊れたままということはありません。

もしあなたが、自分のようではないから、とその人を批判するのは、間違っています。あなたと違うゆえにバランスが取れるのです。このトータルな視点を忘れてはなりません。この全体的な感覚こそが、やさしさの原点なのです。そこからすべてが始まります。

平和というのは、一種のバランス感覚です。自分とは異質のものを含めてトータルに考えられる感受性のことです。表面上の不一致に足を取られることなく、その奥にある響き合う魂の波動を感じ取る事ができれば、そこに平和が自然と訪れます。

その能力を磨かない故に、相手を批判し、遠ざけてしまうのです。離婚予備軍の人々に会うたびに私が感じるのは、その物事を決めつけてしまう態度です。自分とその外側が途切れてしまっているのです。手と足が喧嘩をしているようなものです。

前にも書いたように、私たちはオープンシステムなのです。特に心はその最たるものので、想っただけでも相手の中にやすやすと入り込めるのです。**やさしいエネルギーや好意を送れば、それだけで相手の深部に届くのです。**その力を知っていれば、もっとも近いものを攻撃することの怖さもわかるはずです。

私たちは知らぬ間に心を溢れさせています。眼差しや言葉に乗せて、それをしているのです。想うだけでも、もちろんそうです。そしてその溢れ出しているものこそ、エネルギーであり、肉体の制約を受けないのです。

ですから自分だけが苦しんでいるということはなく、

自分が苦しむ時は、全体もその影響を受け苦しむのです。
自分が平和であれば、全体にもそれが及ぶのです。

この感覚があると、もっとも近い人間はあなたの一部になります。

見かけの考え方の違いは、あまり気にならなくなります。要はあなたが心のエネルギーのこの性質と強さを自覚できるかどうかです。

すべてがつながっているということがわかってから、物事がひどく簡単になりました。私の家族はお互いがかなり勝手に好きなことをやっています。けれどもこことという時にタイミングがぴったり合うのです。特に互いに気を遣っているのではなく。何となく物事がこうなると都合が良いと思うほうに動いて行くのです。たまたま何かが重なるという形でそうなるのですが、そのタイミングが合っている限り、私たちの心もまたつながっていることの証明にもなります。

私が日曜に講演を頼まれたりすることがありますが、そうするとその日たまたま夫のほうは外出する予定が無くて、子供の面倒や食事の支度ができたりします。別にそのために事前にスケジュールを調整することはありません。自然にそういう展開になってしまうのです。

ですから我が家は風まかせというところがあります。かえって無理に気を遣うと、配慮が無駄だったりしますから、あまり考えないで、出たとこ勝負なのです。

心でこうなればいいなということを強く想うと本当にそうなるのですから、**近い人ほどそのエネルギーの放射の影響を受けます。**

これを知ると子供を叱ったり、批判したりできなくなります。そんなことをしてマイナスの方向に行くより、好いことばかり言ったほうが得に決まっています。

上向きになるように考えて、みんながいい気分でいれば物事は本当にそうなっていくのですから。

このことを書き出すときりがありませんから、このへんで止めておきましょう。一つでも実行して、確かめていってみてください。

魔法はあなたの心の中にあります

ここでもう一度、バランスについてまとめてみましょう。バランスにはさまざまな面が考えられました。魂・心・肉体のバランスもそうですし、一日のうちでどのように暮らしているかのバランスもありました。

一日で帳尻が合わなければ、せめて一週間で帳尻を合わせてください。
自分の我慢をそれ以上積み上げると、歪みをただすのに長い時間かかってしまいます。苦楽も日が沈めばおしまいという生活をしたいものです。

自分の身体の中のバランスでは、**頭に片寄りがちのエネルギーを足のほうから地に放ちます。天から地へと流れてこそ、気は悶えなくてすみます。**

ですから、足も頭と同じように大事にします。

身体のそれぞれに気を配り、対話することを習慣づけます。そうすると本当に返事が返ってきます。

歩き疲れた時は「ご苦労さん」といっていたわれば、疲れは残りません。体の全体を感じていくのが大切です。**全体感覚とは、想いが全体にわたる能力です。**まず自分から始まり、体全体、次に周囲を取り巻く人々、家族や友人、学校や会社の人たちへと及んでいきます。

その時、単に自分と切り離された人ではなく、つながっている感じでとらえられるかということです。もしそこまで無理なら、とにかく自分にできないことをしている人をありがたいと思うことから始めてください。

人間は自然の一部という考えは、日本人にとっては無理のない考えですから、環境を思う時、他の生物を含めて考えることはそう難しくはありません。
このような空間的なトータルな感覚と同時に、時間的にもオープンに過去と未来を、前世と後生を感じていきます。こうやってだんだんと狭かった思い込みの枠を広げていきます。**そうすると私たちは風のように軽く、やさしく生きていけます。**

相談を受けていつも感じるのですが、人は他人のアドバイスを貫いたいと思っている人は一人もいないのです。そうではなく、**自分の心を確かめたくて来るのです。**人は相談する相手を選んでから来ます。**その時点でもう心は決まっています。**
自分と考え方の違う、意見を言えば反対される人に相談などしません。自分の気持ちを強化したくて、相談するのです。私はその人の鏡にすぎません。

私はひたすら無心に聞き、よくわからないところを尋ねます。そのポイントこそ、その人もまだはっきり心を探っていないところなので、そこで私にそれを説明します。そうする過程で、自分の気持ちをさらに知るのです。

無心に聞くというのは、完全に相手の立場になっていなければできません。もう少し言えば、**相手のエネルギーとリンクしているという状態です**。

そしてどの人も心の底の光は同じですから、深いところでつながると、その掘り当てられた水脈は地上にあふれでます。それには自分の心の光明に充分気づいていなければなりません。低いエネルギーでリンクしても、それによって呼び起こされるものはその程度のものです。

相談するなら、自分より明るい人にします。どんなに知識がありそうでも、暗い人に相談すると、いろいろ善いことを言ってくれたとしても、最終的に落ち着くのは、その人のエネルギーのレベルなのです。

天はよくしたもので、その人の自信に応じたものを配剤してくれます。**心の力が強ければ、それに応じたことや出会いが巡ってきます**。思い込みがきつくなく、全体とつながれるほど、広い世界があなたの前に展開します。私たちは勝手に目に見えない柵を自分の周りに作り、その中で暮らしているのです。女だから、男なら、年だから、子供のくせに、などなど、そして誰もが裸の王様です。人はこう思って欲しいという心に応じて、その人を評価していきます。

自分は価値がないと思う人は、周りもその人を価値がないと考えるのです。自分は運がいいと思う人は、周りもそう見ていくのです。

魂の調和はこだわりのない心を生み出します。自分のオープンなところと閉じている部分をよく承知していますから、危なげがないのです。

私は相談に乗りながら、つくづく人の心は奥深いものだと思います。**すべてはその中に用意されており、そこに記されていることを自分だけでは読めないので、他人に相談するのです。**

そしてその指し示す道は、平和で光に向かうようにできているのです。

ありがたいことではありませんか。

あなたが喜べば宇宙も幸せになります

私たちは宇宙というエネルギーの海から、力の一部をもらいながら生き、段々とそのレベルを上げていきます。

高いエネルギー場は、幸せという感情を私たちにもたらします。

こだわりや、やり残したものを成し遂げていくと、私たちの心は軽やかになり、**周囲もその軽やかなエネルギーに同調し、新しい流れが生まれていきます。**ちょうどそれは波紋のように、広がっていきます。

私たちの内と外は、呼吸によって混ざり合い、**内なる光は心の窓を通して外界に広**

がって行き、同じレベルの光と共振し、そこに新たな出会いが始まります。

光が表にあふれるほど、道を歩くのは楽になります。遠目がきくようになるからです。闇夜にちょうちんと言う具合です。

想いの強さも明確になりますからこうしたらと思うことの実現も早くなります。

物事が前に進みます。

このように、私たちの世界はできているのです。エネルギーで全てが成り立っているという事が分かると、私たちの世界の歩き方はとても簡単になります。

一番大事な事は、如何に自分たちの中の光を外に溢れさせるかなのです。

このような宇宙モデルをイメージして、ひとまず毎日の中で何かをやってみましょう。

何かを買うわけではなく、相手は宇宙の無限のエネルギーですから、コストはゼロです。やってみて損はありません。

私たちは皆、魂という光の発信機、受信機を持っています。ただ、使っていないで、効率の悪い生活をしている人が多いのです。

発信するものは、善き想いです。

どんな想いかは、それぞれの夢によります。

善き想いの力が強いと、形としての現象は力を失い、あなたに道を譲ります。有難うと言って、そのタイミングに感謝しつつ、先に進みましょう。

大事なのは、あなたの情熱です。どのくらいの気持ち、発信機の強度かによって、実現に至る時間がどの位になるかが予測できるようになると、全ての常識は姿を消します。

何でもいいと思っているうちは、何も起こりません。
あなたのサーチライトの明るさ次第です。

過去の失敗も成功も、そこに足を取られてはなりません。同じ事は二度と起こらないのです。**全ては、「流れ」、「変化し」、「伝わる」のです。**

あなたの内部の情報が、行く道に役立つ唯一の情報であり、道しるべにもなります。

そして突き詰めると、外側の宇宙とつながっているのです。
あなたは孤立しているのではなく、響きあっているのです。

このような世界像を受け入れて、生活してみてください。世界がとてもシンプルにできていることが分かります。

私たちはオープンシステムなのです。特に心はその最たるものですから、思っただけでも相手に伝わります。

あなたが相手を嫌いと思ったら、それと同じ量だけ相手もあなたを嫌います。

あなたが相手を好きと思ったら、それも伝わります。

相思相愛がむずかしいのは、そのエネルギーの質の問題です。縁が結ばれるのは、お互いが抱えているそれぞれのエネルギーの内容次第です。

それでもあなたが放ったエネルギーが、邪心のない純粋なものであれば、好意は伝わります。

私たちは知らぬ間に心を溢れさせているのです。それはエネルギーであり、時空を超えます。ですから、

自分が苦しむ時は、全体もその影響を受け、苦しむのです。
自分が平和であれば、全体にもそれが及びます。

今地球が悲しめば、あなたのエネルギーもそれを受け止めます。
あなたが落ち込めば、地球もその嘆きでもだえます。

一人でも多くの人が、この法則を知ることが、あなたも私も幸せにします。毎日の中に、楽しみを見つけ、平和な気持ちで生きる行動を一つでもやってみましょう。

光が増えるだけ、宇宙も幸せになります。

おわりに

十四年前に、『トータル・バランス』という本をおそるおそる出版し、本は小さな精神世界コーナーの隅に並びました。

まだ魂の世界はオカルトの世界だったのです。

それが今や、十年一昔、沢山の霊的世界の本が本屋さんにならび、輪廻、オーラといった言葉も日常語です。

その中で、編集の立野さんは、熱心にこの本の再販を薦めて下さいました。

「今さら」と思った私ですが、この本が数ある精神世界の本と違ったものがあるのなら、それは日常の中でのエネルギー世界の動きを書いてあるからかもしれません。

年月の差を埋める為、少し訂正し、「看取り」と「子育て」の章はカットしました。

これは、テーマが大きく、また機会を改めて、まとめたいと思っています。

前著の時と、私のエネルギーも変わり、加筆に際して、多少の文のリズムの差があります。戸惑いを覚えられる所もあるかと思いますが、御容赦下さい。

この本は、宇宙のエネルギーの動きをキーとして、書いていますので、目に見えない世界を一般的に理解するには、入門書として使えます。できれば借りずに、マイ・ブックとして、常備薬のように手元に置いて下さい。安心の素になります。

大和出版から「夢をかなえる『聖なる力』の育て方」を昨年出しましたが、そこでは、もう少しスピリチュアルな世界と現在の私の姿を見る事ができます。御興味がありなら、併せてお読み下さい。

ともあれ、情報のあふれた今の世界では、自分の居所を確保するには、自力で心をきちんと保たねばなりません。そのために本書が少しでもお役に立てる事となれば、十四年の年月も熟成期間として、意味があった事と思います。

読者の方のさらなるお幸せをお祈りいたします。

内野久美子

著者の『自分を表現して生きる』『植物の力』を
読んでみたいと思われる方は、下記まで直接お申し込みください。

有限会社アマナ・クレスト
E-mail　koniel@green.ocn.ne.jp
Fax　0463-86-4846

※なお、『植物の力』は、アマゾン・ドット・コムでも注文可能です。

Image Copyright

運《うん》が良《よ》くなるには、方《ほう》法《ほう》があります

自分もみんなも元気になる「宇宙の力」の使い方

2007年5月30日　初版発行

著　者……内野《うちの》久《く》美《み》子《こ》

発行者……大和謙二

発行所……株式会社大和出版

東京都文京区音羽1−26−11　〒112-0013

電話　営業部03-5978-8121／編集部03-5978-8131

http://www.daiwashuppan.com

印刷所……信毎書籍印刷株式会社

製本所……有限会社誠幸堂

装幀者……BOTANICA（水崎真奈美）

乱丁・落丁のものはお取替えいたします

定価はカバーに表示してあります

ISBN978-4-8047-6144-2